勝つ!

卓球「回転」レベルアップバイブル

試合で差がつくテクニック55

男子日本代表コーチ
岸川聖也 監修

メイツ出版

はじめに

　みなさんは、卓球というスポーツに対し、どのようなイメージをお持ちでしょうか。温泉卓球という言葉があるように、本格的に競技として取り組んだことのない方でも、娯楽として、あるいは趣味の一環として、一度や二度は卓球のラケットを手にし、ボールを打ったことがある方も多いはず。それくらい老若男女を問わず、誰にとっても身近なスポーツであるという一面を持ちつつ、一方では追及すればするほど、その奥深さに驚嘆するという一面も持ち合わせている。それが卓球というスポーツなのです。きっと本書を手にしている方であれば、卓球の奥深さや難しさ、それゆえの楽しさを実感しているのではないでしょうか。

　その卓球の奥深さを形成するひとつの理由として、今回、この書籍で詳しく解説している「回転」が挙げられます。たとえば卓球の試合が、ボールに回転を加えることなく、単なるボールの打ち合いによる競技だったと想像してみてください。非常に単調なものになることは想像に難くありません。ボールを狭いコート上で「回転させる」からこそ、コントロールするのが難しく、それを制するための技術が必要になります。当然、回転を通じた相手との駆け引きも重要になってきます。これらが卓球を奥深くさせている理由であり、難しさであり、追及し甲斐のある楽しさにつながっているのです。

　卓球の試合は、当然ですが、回転を制することが上手な選手ほど勝つ可能性が高くなります。本書を手にした方の一人でも多くが、回転を制し、将来の日本卓球界を担う選手となってくれることを願って止みません。

岸川　聖也

目次

第一章 回転の基本 — 7

01 基本 卓球における回転の必要性 サービスでは強いレシーブを防ぎ、ラリーでは台に収めやすくなる — 8

02 基本 回転の種類と特徴-1 上回転、下回転、左右の横回転それぞれの性質と特徴 — 10

03 基本 回転の種類と特徴-2 左右の横上回転、左右の横下回転、上下のナックルそれぞれの性質と特徴 — 12

04 基本 ラバーの特徴と回転の関係 3種類のラバーの特徴を理解し、活かして回転を極める — 14

章末コラム — 16

第二章 サービスにおける回転 — 17

05 サービスの基本 サービスの構成要素 サービスを構成する要素、回転の種類、コース、長短（深さ）を知る — 18

06 サービスの基本 ロング ロングのサービスは、トスを低くしてコントロールを安定させ、力を加えて台の隅を狙う — 20

07 サービスの基本 ショート ショートのサービスは、短く低く出し、相手の台上で2バウンドさせるイメージで — 22

08 サービスの基本 上回転 上回転サービスは、ロングサービスで用いることが多く、ラケット面を水平にして速く深くを心がける — 24

09 サービスの基本 下回転 下回転サービスは、ボールに力を伝えて回転数を増やし、相手側の台に短く出す — 26

10 基本的なサービス フォアハンドのナックルショートサービス フォアでのナックルショートサービスは、ラケットの持ち方を変え、ボールのやや後ろを前方に押し出すように打つ — 28

11 基本的なサービス バックハンドのナックルショートサービス バックのナックルショートサービスは、バックミドルで正面を向いて構え、トスを限りなく低く上げる — 30

12 基本的なサービス 右横回転サービス 右横回転をかけるには、ラケットの握り方を変えて立てて持ち、ボールの左側を前方に擦る — 32

13 基本的なサービス 左横回転サービス 左横回転をかけるには、ラケットの握り方を変えて立てて持ち、肘を上げてボールの右側を前方に擦る — 34

14 基本的なサービス 右横上回転サービス 右横上回転をかけるには、ラケットの握り方を変えて右斜め下に向け、ボールの左斜め下をラケットで引き上げる — 36

15 基本的なサービス 左横上回転サービス 左横上回転をかけるに

は、ラケットの握り方を変えて左斜め下に向け、ボールの斜め下を肘を上げて引き上げる ―― 38
16 **基本的なサービス　右横下回転サービス**　右横下回転をかけるには、ボールの真下ではなくラケット面に角度を付け、ボールの斜め下を擦るように前に出す ―― 40
17 **基本的なサービス　左横下回転サービス**　左横下回転をかけるには、ボールの真下ではなくラケット面に角度を付け、肘を上げボールの斜め下を擦って前に出す ―― 42
章末コラム ―― 44

第三章　レシーブにおける回転 ―― 45

18 **レシーブの基本　レシーブの三大テクニック**　レシーブにおける三大基本テクニック　ツッツキ、ストップ、フリック ―― 46
19 **下回転サービスに対するレシーブ-1　ツッツキ**　下回転サービスに対しては、ボールに近づきラケット面を上に向け、深い位置を狙って長く返す ―― 48
20 **下回転サービスに対するレシーブ-2　ストップ**　下回転サービスに対し、ボールに近づきラケット面を上に向け、瞬時に力を入れてラケットを止めて短く返す ―― 50
21 **下回転サービスに対するレシーブ-3　フリック**　下回転サービスに対し、掬うようにボールを捉え、捉えた瞬間ラケットを返す ―― 52
22 **横（上）回転サービスに対するレシーブ-1　フリック**　横・横上回転サービスには、ラケットの面を内側に向けてボールの右側を捉える ―― 54
23 **横（上）回転サービスに対するレシーブ-2　ツッツキ**　横・横上回転サービスには、ボールの右から入り、下を捉えて下回転を与える ―― 56
24 **横下回転サービスに対するレシーブ-1　ツッツキ**　横下回転サービスには、下回転同様、下を捉えて下回転を与えて長く出す ―― 58
25 **横下回転サービスに対するレシーブ-2　ストップ**　横下回転サービスには、瞬時に力を入れて下回転を与え短く返す ―― 60
26 **左横上回転サービスに対するレシーブ　フリック**　左横上回転サービスには、面を外側に向け、ラケットを被せて打つ ―― 62
27 **左横下回転サービスに対するレシーブ　ツッツキ**　左横下回転サービスには、面を外側かつ上に向け、台の深い位置を狙う ―― 64
章末コラム ―― 66

第四章　攻撃と守備における回転 ―― 67

28 **攻撃における回転　対上回転に対するフォアハンドドライブ**　上回転のボールをフォアハンドドライブで返すには、バックスイングを取ってボールの上を強く打つ ―― 68
29 **攻撃における回転　対上回転に対するバックハンドドライブ**　上回転のボールをバックハンドドライブで返すには、手首を曲げ、手首を返しボールの上を擦るように打つ ―― 70
30 **攻撃における回転　対下回転に対するフォアハンドドライブ**　下回転のボールをフォアハンドドライブで返すには、体全体を使ってボールを持ち上げるように打つ ―― 72
31 **攻撃における回転　対下回転に対するバックハンドドライブ**　下回

転のボールをバックハンドドライブで返すには、ラケットを下げ、タメと手首を使って大きく打つ ―― 74

32 **守備における回転 フォアハンドブロック** フォアハンドブロックは、体を移動させ、力を抜きラケットを固定させてスピードを利用する ―― 76

33 **守備における回転 バックハンドブロック** バックハンドブロックは、体を移動させ、体の中心でラケットを固定させてスピードを利用する ―― 78

34 **守備における回転 バックハンドのサイドスピンブロック右回転** 右回転のサイドスピンブロックは、ラケットを立てる形を作り、左斜め前にしっかりとラケットを出す ―― 80

35 **守備における回転 バックハンドのサイドスピンブロック左回転** 左回転のサイドスピンブロックは、ラケットを立てる形を作り、瞬時に力を入れてボールを切る ―― 82

章末コラム ―― 84

第五章 ワンランク上の実践的テクニック ―― 85

36 **サービスの応用 右横下回転ショート** トスの高さを変えて、同じ右横下回転でも質の異なるサービスにする ―― 86

37 **サービスの応用 右横上回転ショート** 右横上回転サービスは、レシーブでの攻撃に早めに備えるとともに、レシーブされにくい位置にボールを出す ―― 88

38 **攻撃的なサービス 右横下回転ロングクロス** 第一バウンドの位置を意識して、右横下回転サービスをロングでクロスに出し、意表を突いて強い気持ちで攻める ―― 90

39 **対左へのサービス 右横下回転ロングストレート** 左利きの選手に対し、ロングでストレートに出してラリーを優位に進める ―― 92

40 **サービスの応用 左横回転ショート** 左横回転サービスのショートは、出す場所とコースを変えて、相手に的を絞らせない ―― 94

41 **サービスの応用 左横回転ロングクロス** 左横回転でも、しっかりとボールに力を伝える感覚を養い、第一バウンドに注意して深い位置を狙う ―― 96

42 **攻撃的なレシーブ ナックルサービスに対するツッツキ** ナックルサービスに対しツッツキでレシーブするには、強めに押して深い位置を狙う ―― 98

43 **安定感重視のレシーブ 下回転サービスに対するツッツキ** 下回転サービスには、ラケットを水平にして打ち、フォロースルーで深く飛ばす ―― 100

44 **攻撃的なレシーブ 右横下回転サービスに対するストップ** 右横下回転であっても、面を開き気味にして上を向け、瞬時に力を入れて低く回転をかける ―― 102

45 **攻撃的なレシーブ チキータ** チキータは、手首を曲げてラケットを内側に入り込ませ、手首を戻しながらサイドスピンをかける ―― 104

46 **攻撃的なレシーブ 台上バックドライブ** 台上バックドライブはボールの後ろやや上を捉えてトップスピンをかけ、スピード重視で攻める ―― 106

47 **フォアハンドドライブの応用 カウンタードライブ** カウンタードライブは、バックスイングとフォロースルーを小さくし、ボールの勢いを利用する ―― 108

48 **攻撃的なフォアハンドドライブ カーブドライブ** カーブドライブで相手を動かすには、早めに手首の形を作り、クロスで台の隅を狙う ―― 110
49 **攻撃的なフォアハンドドライブ シュートドライブ** シュートドライブで相手を動かすには、素早く移動して体勢を作り、台の隅を狙って逃げるボールを打つ ―― 112
50 **攻撃的なバックハンドドライブ カウンタードライブ** バックハンドのカウンタードライブは、バックスイングとフォロースルーを小さくしてスピードに備える ―― 114
51 **攻撃の幅を広げるバックハンドドライブ カウンタードライブ（ストレート）** バックハンドでクロスからストレートにチェンジするときは、体の向きを微調整する ―― 116
52 **離れた場所からのバックハンドドライブ 後陣バックドライブ** 後陣バックドライブは、バックスイングとフォロースルーを大きく、膝を使って威力のあるボールを飛ばす ―― 118
53 **攻撃的なブロック プッシュブロック** プッシュブロックは、全身の力を抜いて構え、打つ瞬間に力を加える ―― 120
54 **展開を変えるブロック サイドスピンブロック右回転** 右回転のサイドスピンブロックは、フォアストレートに打たれたときに打つと、ボールが安定するだけでなく状況を変えられる ―― 122
55 **ブロックの応用 サイドスピンブロック左回転** 左回転のサイドスピンブロックは、体の前でなく右側でボールを捉えれば、より強い回転がかかり安定する ―― 124

本書の使い方

・5分割の連写
このページで解説するメインの技術を、5枚の連写で掲載しています。連続写真を掲載していない項目もあります。

・該当Point
左ページで解説しているPoint1～3の、該当場面を記しています。動作順とは限りません。

・Point1～3
このページで解説する技術を、3つのポイントで解説しています。2つのポイントで解説している項目もあります。

・アドバイス
Point以外の大切な事項などを記載しています。

・本文
このページで解説する技術の概要を記載しています。

・タイトル
このページで解説する技術を、具体的な表現で記載した見出しです。

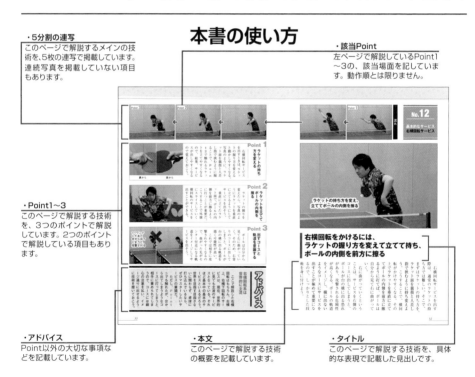

第一章

回転の基本

卓球の競技としての難しさや奥深さを形成している要素のひとつが回転だ。レベルアップするほど、回転の重要性が増してくる。ここでは、その回転について、知っておきたい基礎的な知識を解説していく。

No.01

基本
卓球における
回転の必要性

サービスでは強いレシーブを防ぎ、ラリーでは台に収めやすくなる

卓球の経験者であれば、決して本格的ではなかったとしても、ボールに回転をかけることは知っているはずだ。では、なぜ回転をかける必要があるのか、具体的な理由を考えたことはあるだろうか。

サービス時であれば、主な理由は相手に強いレシーブを打たれないようにするためだ。回転のかかっていないサーブを想像してみよう。ボールの軌道が読まれやすいだけでなく、素直に打ち返せてしまうため、力強いレシーブを打たれる危険性が高くなる。

ラリー時であれば、打ったボールを台に収めやすくする、というのが大きな理由だ。回転のない強い打球では台をオーバーしてしまうような軌道でも、上回転をかけることで台に収めやすくすることができるからだ。

Point 1
サービスにおける回転の必要性

サービス時に回転をかける理由は、一言で表すなら『相手に強いレシーブを打たせないため』。サービスエースを取れるなら、それに越したことはないが、非常に難しい。相手が返すだけで精いっぱいになるようなサーブが出せれば、こちらが主導権を握って試合を優位に進められる。

Point 2
ラリーにおける回転の必要性

卓球ではサービスだけでなく、ラリー中もボールに回転をかけるが、その大きな理由のひとつに『台に収めやすくする』ことが挙げられる。

例として、強打で攻める際、上回転をかければ、ボールは真っすぐではなく、弧線を描くため、台に収まる確率を高くすることができる。

Point 3
回転を駆使して試合を優位に進める

サービスでは相手の強力なレシーブを防いでラリーの主導権を握り、ラリーでは回転をかけて台に収めやすくする。強打で真っすぐに飛べばオーバーするような打球でも、回転をかけることで台に収めることができれば、自信を持って試合に臨める。回転を駆使して、試合を優位に進めよう。

アドバイス
回転を自在に操れるほど強い選手に近づく

卓球は、ただ単にボールを打ち合うだけでなく、サービスやレシーブ時はもちろん、ラリー時においても、ボールに回転がかかっているからこそ、難しく奥が深いスポーツといえる。それは真剣に卓球に向き合っている選手であれば、誰もが承知していることなのではないだろうか。

サービスで、しっかり回転をかけられたり、レシーブでは打球の回転を見極められる選手ほど、試合では結果を残しやすいものだ。さらには、ラリー時でボールに強い回転がかけられる選手であれば、打球が安定するため、得点率も自ずと高くなってくる。練習では回転を強く意識し、いかなる時でも自在に操れるような選手を目指そう。

No.02

基本
回転の種類と
特徴 -1

上回転、下回転、左右の横回転 それぞれの性質と特徴

回転は、基本的に8種類ある。上回転、下回転、右横回転、左横回転、右横上回転、左横上回転、右横下回転、左横下回転だ。さらに、弱い上回転のかかった上ナックル、弱い下回転のかかった下ナックルを含めると、トータルで10種類に及ぶ。

No.02と次項のNo.03でそれぞれの回転について詳しく解説する。ここNo.02では上回転、下回転、左右の横回転について、回転方向や曲がり方、ボールの速度やバウンド後の動き、ラケットに当たった際のボールが飛ぶ方向などの性質や特徴を解説していく。

それぞれの回転の正しい基本知識を覚えた上で、シーンや展開によってさまざまな回転のボールを使い分けられるようになれば、試合を優位に進められるようになる。

Point 1 上回転

ボールが進む方向に対して、上から下に向かう回転を指す。卓球ではラケットで打つと自然と上回転がかかる。アップスピンとも呼ばれ、スピードは速く、バウンド後は伸びる特徴がある。サービスではロングを打つ際に用いることが多く、ラケットに当たるとボールは上に飛んでいく。

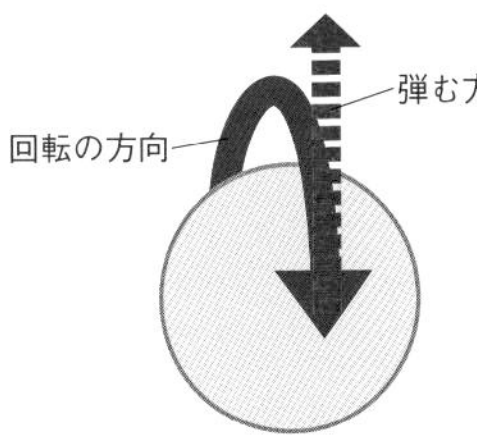

レシーブ側からの視点

Point 2 下回転

上回転とは逆の回転で、進行方向に対して下から上に向かう回転を指す。いわゆるバックスピンと呼ばれる回転で、特徴としてはスピードが遅く、バウンドすると、来た方向に戻るような弾み方をする。

ラケットに当たると、ボールは下に飛んでいくという特徴がある。

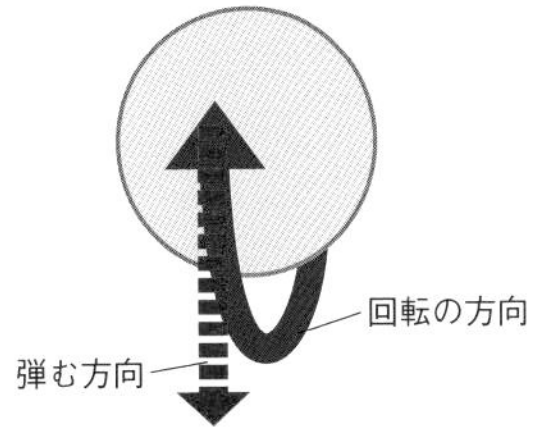

レシーブ側からの視点

Point 3 右（左）横回転

右横回転は、進む方向に対し、右に回転するボールを指す。左横回転は左に回転する。右横回転はボールが右に曲がり、バウンド後も弾むたび、右に逸れていくという特徴を持つ（左は左に）。

左右の横回転は、ラケットに当たると右回転は右に、左回転は左にボールが飛んでいく。

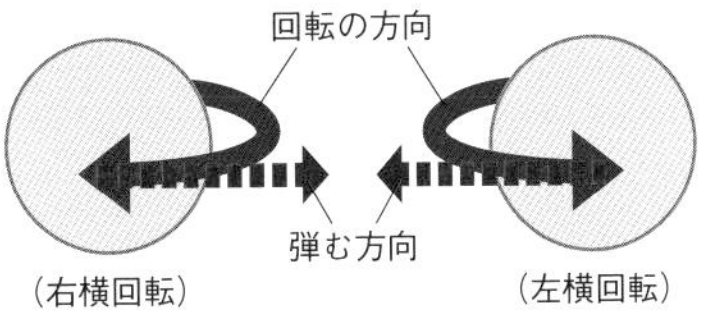

レシーブ側からの視点

アドバイス

しっかり回転のかかったサービスを出す重要性

卓球の試合において、サービスは圧倒的に有利な状態といえる。相手の癖や試合展開、状況などを考慮に入れながら、自由に好きな回転をかけて先に攻めることができるからだ。だからこそ、サービス時は確実に得点を重ねる必要があるのだが、言い換えると、しっかり回転をかけたサービスが打てなければ、強いレシーブを返されてしまい、せっかくの有利な状態がイーブンの状態になってしまったり、最悪の場合は、守りの展開になってしまうことも。

これでは確実に得点を重ねるのが難しくなってしまい、試合に勝てる可能性も低くなる。サービスでは自分の意図している通りのボールを打てるよう練習を重ねておこう。

No.03

基本
回転の種類と
特徴 -2

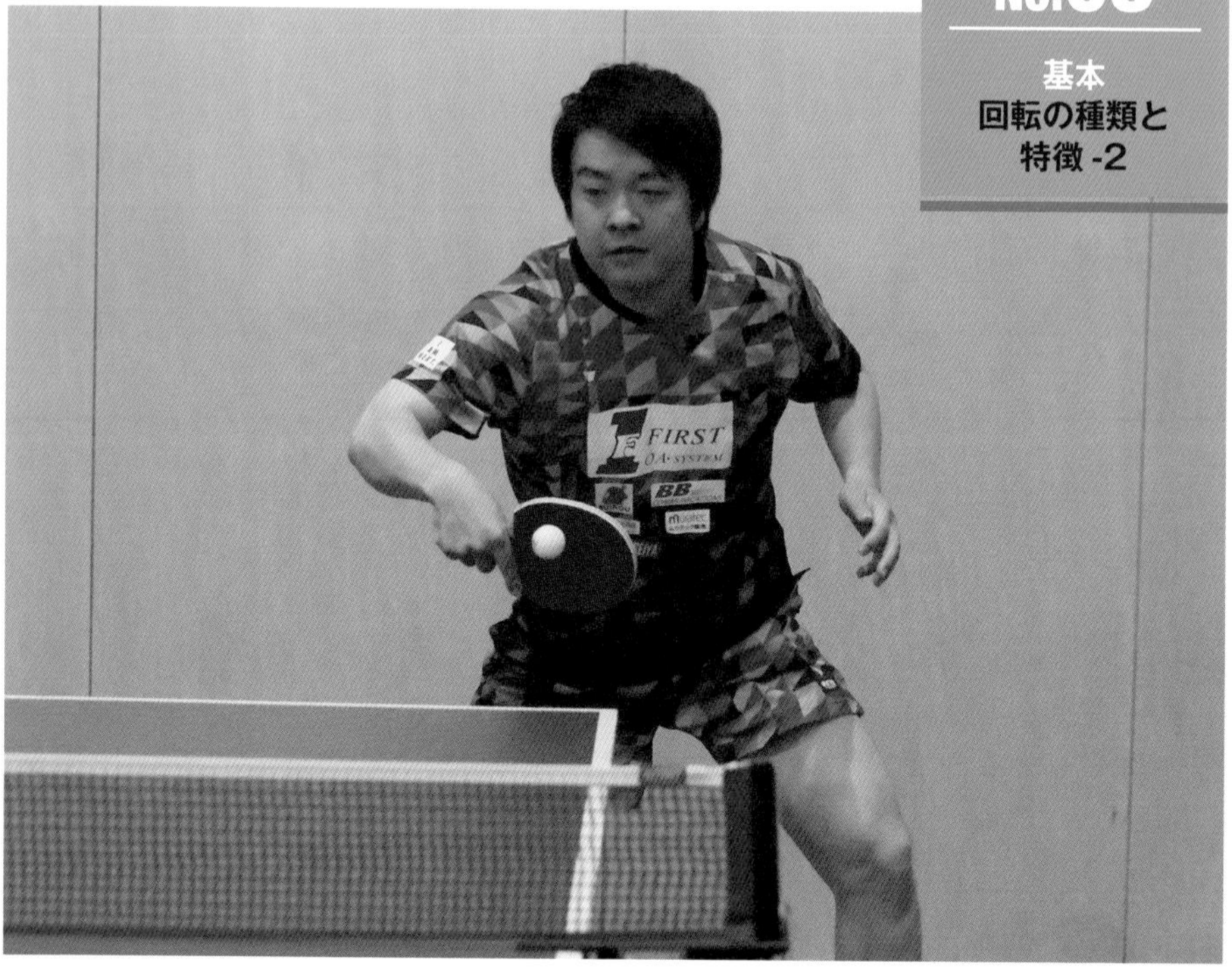

左右の横上回転、左右の横下回転、上下のナックル それぞれの性質と特徴

No.03

前項に引き続き、ここでは左右の横上回転、左右の横下回転と上下のナックルについて、回転方向や曲がり方、ボールの速度やバウンド後の動き、ラケットに当たった際のボールが飛ぶ方向などの性質や特徴を解説していく。

なお、上下や左右は横軸・縦軸に対して直角に回転するため、変化する方向に大きな違いはない。しかし、左右の横上回転と横下回転は、ボールが斜めに回転することになる。したがって、斜め軸の角度は無数に存在することになり、変化もそれに応じて微妙に違ってくる。上下軸の軌道に近くなれば、横の変化よりも上下の変化の特徴が色濃くなり、横軸の軌道に近くなれば、当然、左右の変化の特徴が強くなる。

Point 1

右(左)横上回転

右横上回転は、進む方向に対し、右上に回転するボールを指す。左横上回転は左上に回転する。右横上回転はボールが右に曲がり、バウンド後も右に逸れていくという特徴を持つ(左は左に)。

　左右の横上回転は、ラケットに当たると右回転は右上に、左回転は左上にボールが飛んでいく。

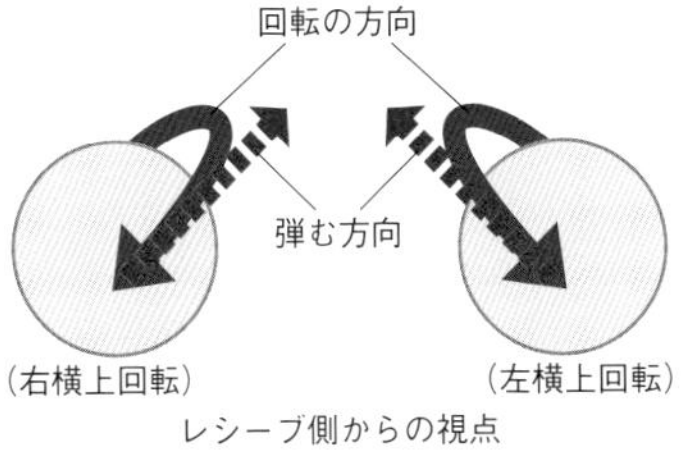

Point 2

右(左)横下回転

右横下回転は、進む方向に対し、右下に回転するボールを指す。左横下回転は左下に回転する。右横下回転はボールが右に曲がり、バウンド後も右に逸れていくという特徴を持つ(左は左に)。

　左右の横下回転は、ラケットに当たると右回転は右下に、左回転は左下にボールが飛んでいく。

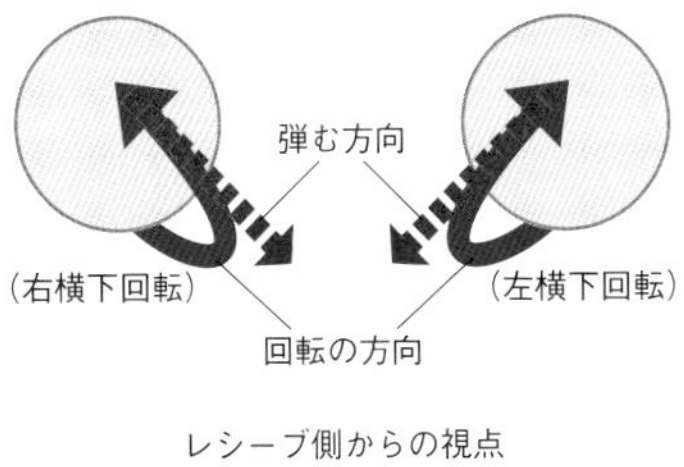

Point 3

上(下)ナックル

No.02で解説した上回転の回転の少ないボールを上ナックル、下回転の回転の少ないボールを下ナックルというが、いずれにしても回転数が少なく、ほぼ無回転に近い状態。

　上下のどちらであっても、ラケットに当たるとボールは下に飛んでいくため、下回転に近いイメージで捉える必要がある。

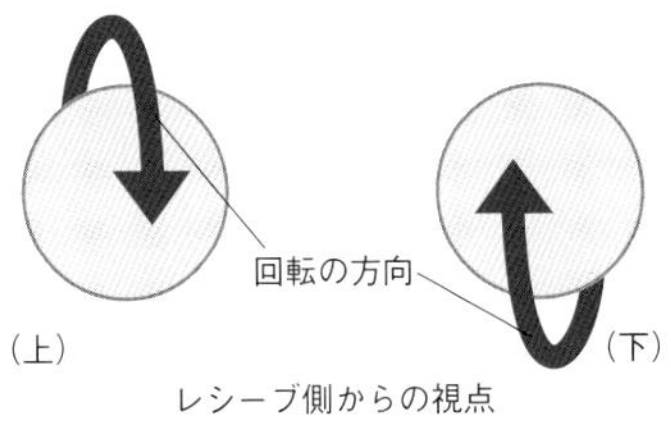

アドバイス
レシーブ時の回転の見極め方

　もしレシーブ時に相手サービスの回転を見極められたり、しっかり合わせられれば、いわゆる3球目攻撃されることなく、ラリーをイーブンな状態で進められたり、あるいはこちらが攻める状態でラリーに持ち込める可能性も出てくる。このような展開に持ち込める技術のある選手は、試合でも結果が出やすい。

　レシーブで回転を見極めるためには、サービスを打つ瞬間、相手がどの回転をかけようとしているのかしっかり観察することが重要だ。加えて、ボールの軌道などの情報を加味した上で、回転の方向と回転量に合わせたラケットの形を作ることを意識しよう。当然だが、さまざまな経験も判断材料として重要だ。

No.04

基本
ラバーの特徴と
回転の関係

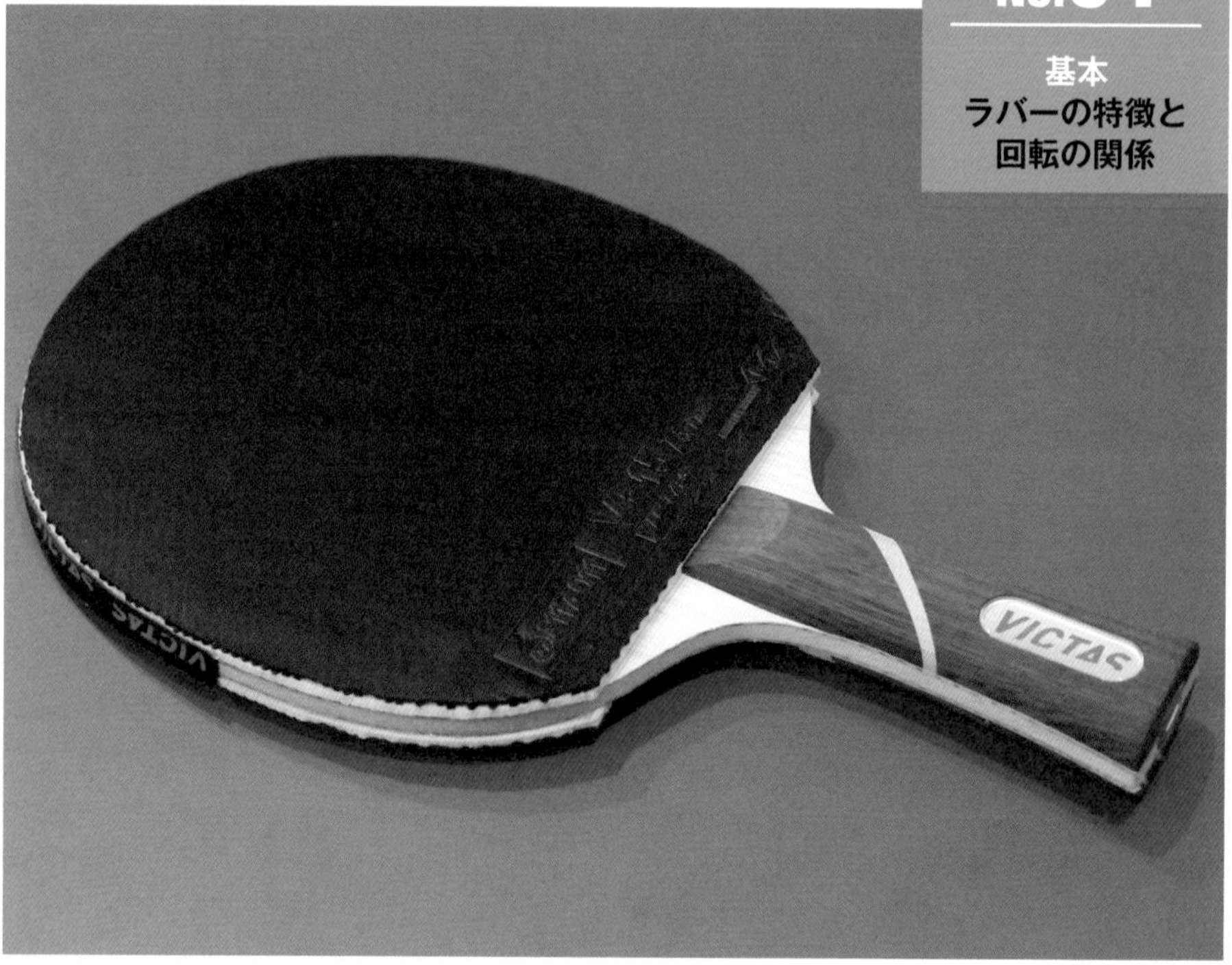

3種類のラバーの特徴を理解し、活かして回転を極める

卓球においてボールに回転をかけるには、技術的な要素はもちろん最重要だ。しかし、ラケットのラバーも、欠かすことのできない要素といえる。ラバーは『裏ソフト』『表ソフト』『ツブ高』の3種類に大別でき、それぞれ特徴が異なるので、それぞれの特徴を解説していく。

『裏ソフト』は現在、主流となっているラバーで、多くの選手が使用している。3種類の中でいちばん回転をかけやすいラバーだ。『表ソフト』は打球の速度を速くできるのが最大の特徴。『ツブ高』は表ソフトのツブがより細く長く（高く）なっているのが特徴で、回転のかけやすさでは3種類の中でいちばん低い代わりに、相手の回転を利用しやすい、という特徴を持っている。

Point 1
摩擦が大きく回転をかけやすい裏ソフト

表面にツブがない裏ソフトは、摩擦が大きいのが特徴だ。そのため、ボールに回転がかけやすく、回転量を調整しやすいという性質を持つ。

さらには、ボールが弾みやすいタイプや、摩擦力をより高め、ボールに高回転がかけられるタイプ、弾みやすさと摩擦力のバランスをとったタイプなどに分けられる。

表面にツブがない裏ソフト

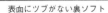

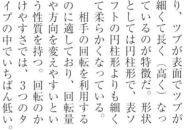

Point 2
球離れが速く速い打球の表ソフト

ツブ面を表にした表ソフトは、球離れがよく、速い打球を打てるのが特徴だ。反面、ボールの真後ろを直角に打つと、回転数を上げられない。

ツブの形状が円錐台の回転がかけやすいタイプ、根元が円錐台で先端が円柱形となっている速い打球が打てるタイプ、ツブ高に近い特徴の円柱形の3タイプに大別される。

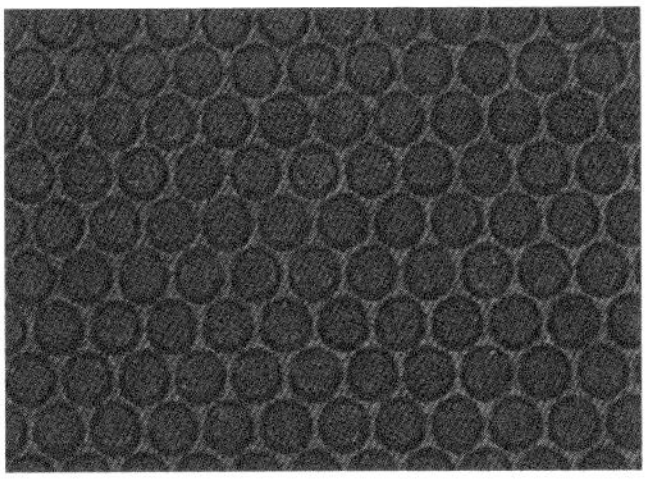
ツブ面を表にした表ソフト

Point 3
相手のボールの回転を利用しやすいツブ高

ツブ高は、その名の通り、ツブが表面でツブが細くて長く（高く）なっているのが特徴だ。形状としては円柱形で、表ソフトの円柱形よりも細くて柔らかくなっている。

相手の回転を利用するのに適しており、回転量や方向を変えやすいという性質を持つ。回転のかけやすさでは、3つのタイプの中でいちばん低い。

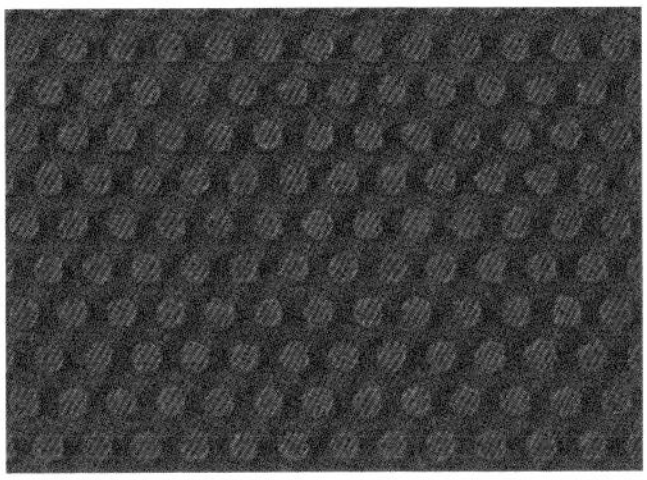
ツブが細くて長いツブ高

アドバイス
スポンジの厚さにも着目しよう

ここでは3種類のラバーの特徴を解説してきたが、打球の質はラバーのスポンジの厚さやラケットそのものの材質なども影響してくる。スポンジは薄いものから厚手のものまで何種類か存在し、厚くなるほど反発力が高くなり、ボールの弾みがよいため、球威が増しスピードも速くなる。他にも、ボールが当たったとき、ラバーとの接地面が広くなるので、回転がかけやすくなるというメリットもある。

デメリットとしては、厚くなるほどよく弾むため、コントロールし難くなる。さらには厚くなるほど重量が増すので、筋力が必要になり、体への負担も増していく。これらの特徴を踏まえ、バランスを考えて選ぼう。

Column1 卓球強国とラバー①

中国選手と中国ラバー

中国は世界No.1といっても過言ではない卓球王国だ。中国人選手のほとんどは、フォア面に中国ラバーを使用している。この中国ラバーの最たる特徴は、回転のかかりやすさだ。その秘密は粘着性にあり、ボールを付けて下を向けてもボールが落ちないほどの粘着力だといわれている。

そのため、サービスやドライブなど、さまざまな打球でものすごく回転量の多いボールが飛んでくる。正確なデータはないが、体感値としては、通常の2割増しくらいの回転数がかかっているように感じる。ただし弾力性が低く、ボールスピードが落ちるという弱点も持ち合わせている。

一方、ほとんどの日本人が使用している日本ラバーは、粘着性や弾力性など、ラバーに求められる性能が平均的に高いレベルにあるのが特徴だ。

中国人選手は、卓球を始めたときからこの中国ラバーを使用しているため、適した打ち方が体に染みついている。しかし、日本ラバーとは弾み方や回転のかかり方が違うため、日本人選手を含め、海外選手が使用しても、対応に苦しんでしまうのが現状だ。

中国ラバーは、弾力の低さを補うパワーも必要になるが、中国人選手は体が大きくパワーもあり、かつ、パワーがボールにしっかり伝わる理想的なフォームの選手が多いので、この強力な武器を使いこなせる条件が整っている。元々の実力も高いが、このラバーを使いこなせているのも、中国人選手の強さの秘密のひとつといえるだろう。

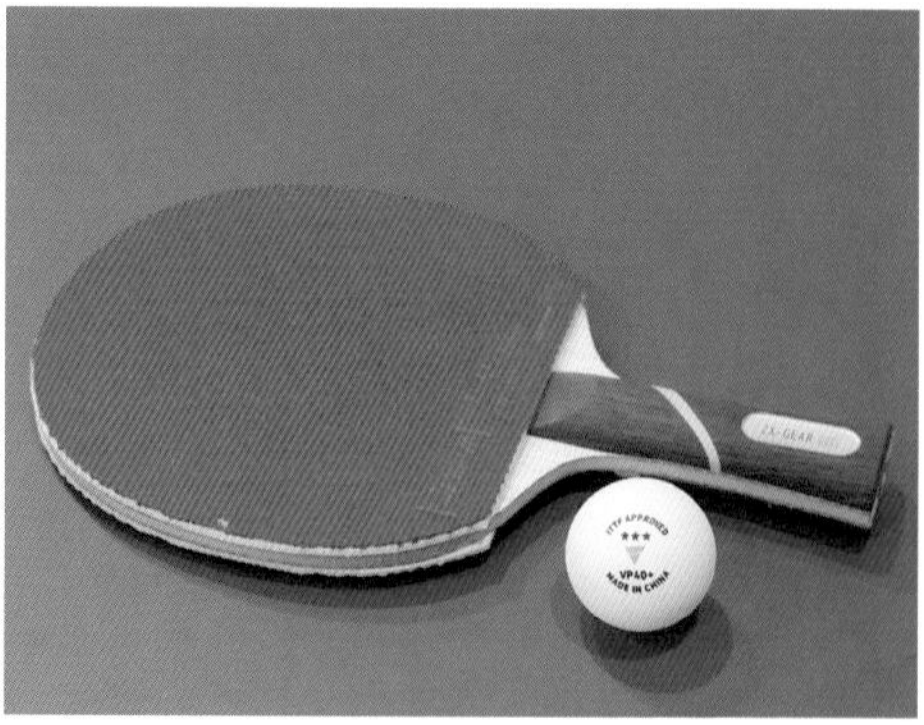

第二章

サービスにおける回転

卓球の試合において、サービスは絶対的に優位といわれている。ここでは、その優位性を失わず、確実にポイントするための、さまざまな回転サービスの種類と、正しい打ち方について解説していく。

No.05
サービスの基本
サービスの構成要素

回転の種類やコース、
長短を考えてサービスを
選択しよう

サービスを構成する要素、回転の種類、コース、長短（深さ）を知る

相手の特徴や試合展開などによって、選択するサービスの種類が変わってくる。そのサービスには、大きく3つの構成要素があることを覚えておこう。1つ目は回転の種類、2つ目はコース、3つ目は長短だ。左右のどちらに曲げるのが有効か、相手のバックサイドを狙うのかフォアサイドを攻めるのか、あるいは下回転でショート、深い位置を上回転のロングで狙うのか。これらの組み合わせを考え、サービスを出す必要がある。

長短の深さについては、選ぶ回転の種類に大きく左右されるので、回転を選ぶ際は深さも考慮に入れておこう。サービスでは確実に得点しておかなければ、試合を優位に進められない。これらの基本知識を整理して、試合でのサービス時に活かそう。

Point 1
8種類の回転を考える

サービスでは、自分の得意とするサービスはもちろん、相手の特徴や試合展開などを考慮して、どのようなサービスを出すか考えなければいけない。まずは回転の種類だ。

縦軸の回転でショートあるいはロングに出すのか、そこに横軸の回転を加えて、左右どちらに出すか考えよう。

Point 2
サービスのコースを考える

より効果的なコースを選ぶ

回転の種類の次は、どのコースにサービスを出すのか考えよう。もちろん、相手が苦手としているサイドが分かれば、そこを狙ってもいい。試合の流れや持ち込みたいラリー展開などによっても、狙うコースは変わる。

選択した回転の種類と合わせて、より効果的なコースを考えよう。

Point 3
サービスの長短(深さ)を考える

深さにも注意してサービスを出す

サービスでは深さも重要な要素だ。相手側の台上で2バウンドするような長さのショートを狙うのか、あるいは1バウンドで出てしまうような長いサービス、ロングを狙うのか。長短については、選択する回転と密接に関係するので、回転を選択する際、同時に考えておこう。

アドバイス
重視する要素を考えてサービスを選ぶ

サービスを構成する要素は、回転の「種類」「コース」「長短（深さ）」であると解説したが、実際に試合でサービスを打つとき、これらを意識している選手は意外と少ないものだ。つまり、どのような意図でそのサービスを選ぶのかということを、漠然と、あるいは深く考えずに打ってしまっている。これでは、サービスでせっかく得点できるチャンスを逃しかねない。

相手の癖や得意不得意、精神状態の洞察、試合展開などの情報を整理し、「どの回転が効果的か」「どのコースがレシーブしにくいか」「長短、どちらがより効果的か」といったことを考え、3つの要素の何を重視するか考えてサービスを出すよう努めよう。

No.06
サービスの基本
ロング

流れ

ロングのサービスは、トスを低くしてコントロールを安定させ、力を加えて台の隅を狙う

ここでは、ロングのサービスの基本について触れておこう。ロングサービスを出す場合は、狙う位置が狭くなるため、コントロールが重要になってくる。そこで、トスは上げすぎず、低く抑えて出すよう心がけておこう。プレーのレベルが上がり、安定的にサービスが出せるようになれば高くても構わないが、それでもトスは低いほどサービスは安定し、コントロールしやすくなる。さらに、台の隅を狙うということは、ボールを遠くに飛ばす必要があるので、インパクトの瞬間に、しっかりとボールに力を加えることも重要だ。

ロングサービスはラリーを限定できる長所がある反面、強打で返されるリスクもあるので覚えておこう。

Point 1 低くトスを上げサービスを安定させる

ロングのサービスを出す際は、狙う範囲が狭くなるため、安定的なコントロールが必要不可欠だ。そのため、トスは低くした方がいい。

ルール上では16㎝だが、ネットの高さ15・25㎝を目安とし、それをわずかに超える程度の高さにトスを上げよう。

Point 2 打つ瞬間に力を加えボールを遠くに飛ばす

ロングでは、相手側の台の深い位置を狙うため、ボールを遠くに飛ばす必要がある。

そのためには、大振りしたりするのではなく、どのような回転をかけるにしても、インパクトの瞬間、しっかりと力を加えてボールを打つことが重要だ。

Point 3 台の深い位置、隅を狙う

台の深い位置、隅を狙いたい。これができれば、相手はロングでしか返せなくなるため、ラリーの3球目、5球目が読みやすくなる。

つまり、相手は後手に回り、先手先手で攻められるようになる。さらには、ラリーもシンプルに進められる。

アドバイス

ロングでラリー展開を限定させる

Point3でも触れたが、ロングサービスの長所は、ラリー展開を限定できる点にある。短いレシーブを返してくる選手はまずいない。そのため、戻ってきたボールからすぐに攻撃でき、大きなラリーに持ち込むことが可能であると覚えておこう。

ただし、ロングサービスの場合、相手に強打される可能性が少なからずある。このリスクを知った上で、長所と短所を秤にかけ、使用する場所や展開を考えながら、試合を進めていくことが重要だ。

No.07

サービスの基本
ショート

流れ

ショートのサービスは、短く低く出し、相手の台上で2バウンドさせるイメージで

ここでは、ショートのサービスの基本について触れておこう。ショートサービスを出す場合は、相手側の台上で2バウンドするくらいの短いサービスを出すことが重要だ。また、短いだけでなく、ネットぎりぎりを通過するような低いサービスを出すことも合わせて重要になってくる。この2つを実践することによって、相手の強打を防ぎ、さらにはリターンのボールでチャンスが来る可能性が高くすることができる。

大きな国際大会などでも、ショートサービスは基本であり、ほとんどの試合はショートサービスから始まる。つまり、ショートサービスの技術向上は、試合に勝つために必要不可欠であると知っておこう。

Point 3
Point 1
Point 2

Point 1
相手側の台で2バウンドさせるイメージ

台で2バウンドさせる

ショートのサービスでは、相手側の台上で2バウンド以上するくらいの強さで出すことが重要だ。

もちろん、2バウンドすることはないが、短く出せれば、相手に強打される危険性は限りなく低い。つまり、次のボールでチャンスが来る可能性が高くなる。

Point 2
ネットぎりぎりの高さに出す

ギリギリの高さを狙う

ショートのサービスでは、ネットぎりぎりの高さを狙うことも大切だ。低く出せれば、短さと相まって、さらに相手の強打を防げる。

逆の言い方をすれば、高く出してしまうと、相手に強打できるチャンスを与えてしまうことになるので注意しておこう。

Point 3
どのコースにでも出せるようにしておく

ショートサービスに限ったことではないが、サービスは中央ばかりでなく、どのコースにでも意図通り出せるようになることが重要だ。

そのためには、普段からコース、長さ、高さといったコントロールに対する意識を強く持ちながら、練習に取り組もう。

アドバイス
ショートのサービスは卓球の基本

レベルの高い国際試合などでも、ショートでのサービスが卓球の基本といえる。アマチュアに限らず、ほぼすべてで、ショートサービスから試合は始まっている。

このことを考えると、Point3でも触れたが、ショートサービスを意図通りにコントロールして出せるようになることは、試合で勝てる選手になるための近道であるといえる。決して派手さのあるプレー、技術ではないかもしれないが、真剣に取り組んで、ショートサービスを自在に操れる選手を目指そう。

No.08
サービスの基本
上回転

流れ

上回転サービスは、ロングサービスで用いることが多く、ラケット面を水平にして速く深くを心がける

上回転のボールは台（ラケット）に当たると上に弾む性質を持っている。そのため、ロングサービスで深い位置を狙いたい場合などに用いられることが多い。

卓球は、普通にボールを打つと上回転になるが、上回転であればさらに回転を加えたいので、ラケット面を水平にし、ボールの上部を擦るように打つといい。ロングサービスで用いられることが多いため、速く深いサービスにできなければ、相手に強打されるリスクが伴ってしまう。インパクトの瞬間、力をしっかりとボールに伝え、速く深いサービスを意識しておこう。

相手に強打でリターンされるようでは、サービスのチャンスを、受け身でラリーを進めることになる。

Point 3

Point 1
Point 2

Point 1 ラケットの角度をなるべく水平にする

卓球では、普通にボールを打てば自然と上回転になるものだ。しかし、意識的にさらに回転を加えたいなら、ボールを打つ瞬間のラケットの角度を面を下に向け、水平に近づけることが重要だ。

ラケット面が、なるべく床と水平になるよう意識しよう。

Point 2 ボールの上部を擦るように打つ

ボールの上を擦るように打つ

ラケットを水平にしたら、その角度のままボールを打つ。このとき大切なのは、単にボールを打つのではなく、ボールの上部を擦るように打つことだ。

こうすることで、ボールにはさらに上回転がかかり、より効果的なサービスとなる。

Point 3 サーブのスピードを出す

速く深いサービスを心がける

上回転は、バウンドすると上に弾む性質があるため、中途半端なスピードや長さになってしまうと強打されやすい。

そこで、打つ瞬間にボールに力を加え、スピードを出すよう心がけよう。速く深いサービスにできれば、レシーブで強打されるリスクが減る。

アドバイス スピードのない上回転はよくない

上回転でのサービスは、速いボールで深い位置を狙えれば、ラリーを限定できるメリットがある。その反面、スピードが遅く深くないサービスになってしまうと、強打で返されてしまう受け身になってしまうリスクが生じる。こうなってしまうと、せっかくのサービスなのに攻撃のチャンスが来なくなり、受け身のラリーを強いられることになる。

上回転でのサービスはあまり用いることはないが、使う場合はこれらのメリットとリスクを覚えておこう。

流れ

No.09
サービスの基本
下回転

ラケットの面を
上に向けて
ボールの下を擦る

下回転サービスは、ボールに力を伝えて回転数を増やし、相手側の台に短く出す

下回転のボールは台（ラケット）に当たると下に飛ぶ性質を持っている。そのため、ショートサービスで用いる場合は、相手側の台で2バウンドさせるようなサービスを意識しよう。そのためには、ラケット面を上に向け、ボールの下面を擦るように打とう。さらにインパクトの瞬間、ラケットを握りしめるような要領でボールにしっかりと力を伝えることができれば、回転数の多い切れのいいサービスを出すことができる。また、第一バウンドをネットの近くに落とすことで、短いサービスが出しやすくなるので意識しておこう。

下回転サービスは、上手な選手ほど自分のペースで先手先手で攻めることができるようになる。

Point 1 ボールの下面を擦るように打つ

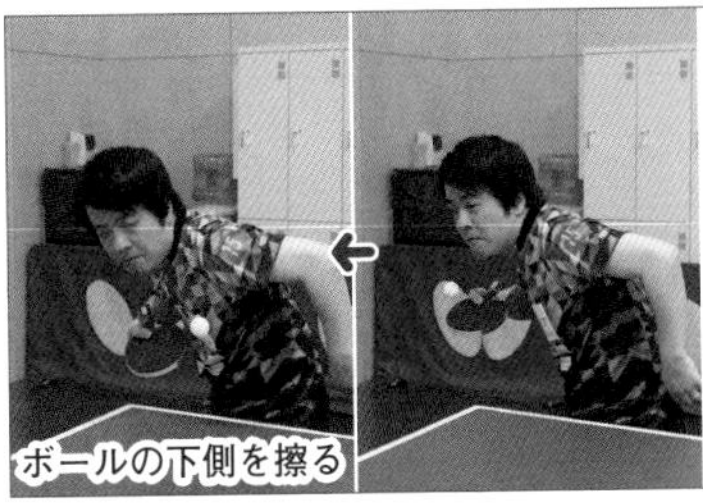

下回転サービスを打つ場合は、ラケット面を上に向け、ボールの下面を擦るように打とう。

ラケットは水平にしたいが、上回転のように極端に水平にしてしまうと打つのが難しい。そこで、打球の進行方向に対して少しだけ角度を付けると打ちやすい。

Point 2 インパクトの瞬間に力を入れる

下回転サービスを打つ場合、インパクトの瞬間に力が入っていないと、ナックルサービスになってしまう。

そこで、インパクトの瞬間、ラケットを強く握りしめるようなイメージで、ボールにしっかりと力を伝えることが重要だ。

Point 3 サービスの長さを調節する

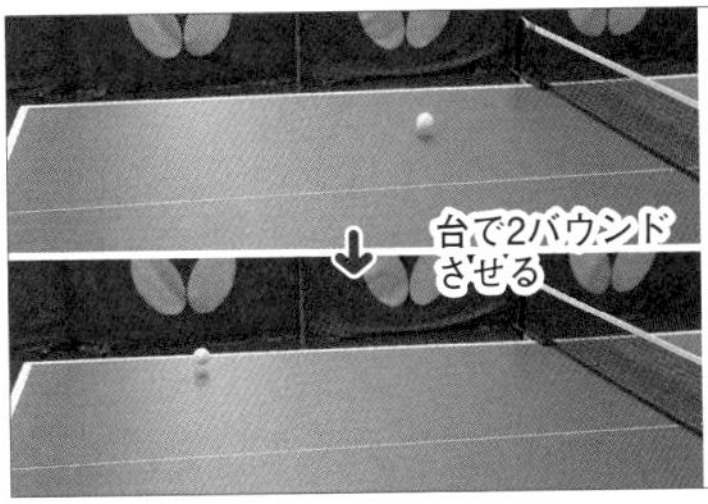

下回転をショートサービスで用いる場合、長いサービスになってはいけない。相手側の台で2バウンドするよう、長さの調節を行おう。

そのためには、第一バウンド（自分側の台）をネットの前に落とすといい。相手側の台に短く行きやすくなる。

アドバイス

回転量が増えれば攻撃も防ぎやすい

卓球の試合において、下回転サービスは非常に重要だ。下回転サービスが上手な選手ほど、相手の攻撃を防ぎやすくなる。それだけでなく、効果的にボールを切ることができて回転数が増すほど、相手の攻撃を防ぎやすくなるだけでなく、リターン後の3球目が打ちやすくなる、というメリットも生まれる。そうすれば、ラリーを攻撃的に自分のペースで進めることが可能だ。

下回転サービスのしっかりとした技術を身に付け、試合を優位に進めよう。

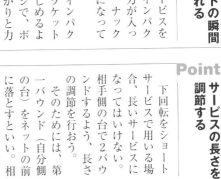

Point 1
流れ

No.10
基本的なサービス
フォアハンドの
ナックルショートサービス

ボールのやや後ろを、
前方に押し出す
ように打つ

フォアでのナックルショートサービスは、ラケットの持ち方を変え、ボールのやや後ろを前方に押し出すように打つ

フォアハンドでナックルショートサービスを出すときは、まずはラケットの持ち方を変えよう。ラケット面を親指と人差し指で挟むように持つと、ラケットを立てやすくなるので、サービスが出しやすくなる。

ボールを打つ瞬間は、ラケットを水平にして、ボールの真下という意識ではなく、やや後方寄りを打つ意識を持っておくといい。また、力を入れすぎないように注意し、打つというよりもボールを前方に押し出して飛ばす、というイメージを心がけよう。このときに力が入りすぎてしまうと、ナックルサービスというよりは、下回転サービスになってしまう。わずかな回転で留められるように打つことが重要だ。

Point 2
Point 3

Point 1
ラケットの持ち方を変える

裏から　表から

ナックルサービスを出すときは、ラケットの握り方を変えると動かしやすくなる。

　写真のように、ラケット面を親指と人差し指で挟むように握ることで、Point2で触れるラケットを立てやすくなるので、結果、サービスが出しやすくなるので覚えておこう。

Point 2
ボールのやや後ろを打つ

ラケットの面を
水平よりも
少しだけ前に向ける

ナックルサービスを打つには、ボールの真下ではなく、やや後方を打つ意識を持っておこう。

　つまり、ラケットを水平にしてボールを捉えようとするのではなく、面を少しだけ前に向け、やや角度を付けて捉えれば、ボールのやや後方を捉えることができる。

Point 3
力を入れすぎずに前方に押し出す

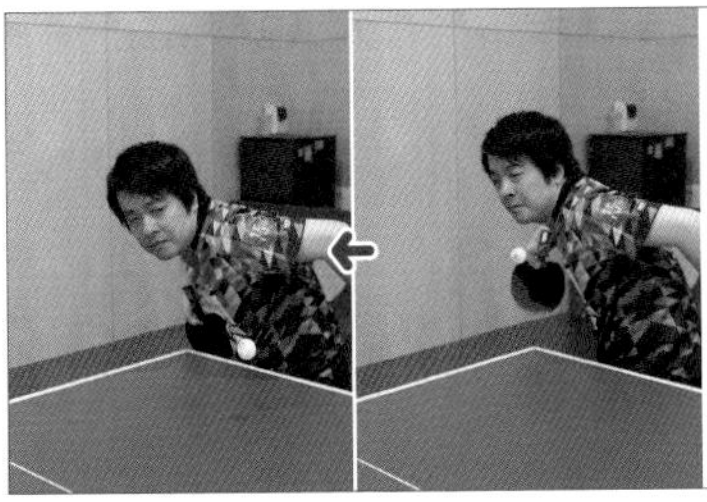

打つ瞬間は、なるべく力を加えず、押すようなイメージでボールを前方に飛ばすことを心がけよう。力が入りすぎてしまうと、ナックルというよりも下回転サービスになってしまう。わずかな回転数で留められるようなイメージでボールを押し出そう。

アドバイス
次のボールで攻めやすくする

フォアに限ったことではないが、サービスはただ単に出すのではなく、相手からボールが戻ってきたとき、次のボールをいかに攻めやすくできるか、ということを強く意識しておきたい。そのためにも、サービスはバックサイドから出すことを忘れないでおこう。

　フォアサイドからサービスを出してしまうと、バックサイドにボールが返ってきたとき、相手に返すだけで精いっぱい、という状況になりかねず、攻めるどころではなくなってしまう。

No.11 基本的なサービス バックハンドのナックルショートサービス

流れ

Point 1
Point 2

バックミドルからトスを
低く上げて打つ

バックのナックルショートサービスは、バックミドルで正面を向いて構え、トスを限りなく低く上げる

No.10ではフォアハンドでのナックルショートサービスを解説したが、ここではバックハンドでのナックルショートサービスを解説していく。

バックでサービスを出す際は、基本的にバックミドルに位置しよう。フォアとは違い、台に対して正面を向き、足を肩幅よりやや開いて右足を少しだけ前に出しておく。これは、サービスを出す位置がフォアよりも左側になるためだ。また、バックでのサービスは、よほど得意にしている選手以外は、サービスを安定させるのが難しいため、トスは限りなく低く上げるよう心がけることも重要だ。ただし、バックからサービスを出す選手はあまり多くなく、フォアが主流となっている。

Point 3

Point 1 バックミドルからサービスを出す

サービスを出す位置は
バックミドル

バックでのサービスは、バックミドルから出すと覚えておこう。これは、サービスを打つ位置がフォアよりも左側に寄るためで、仮にバックサイドから出してしまうと、非常に出しにくくなる。

　そのため、出した後は、バックサイドのケアを意識しよう。

Point 2 台に対して正面を向き右足をやや前に出す

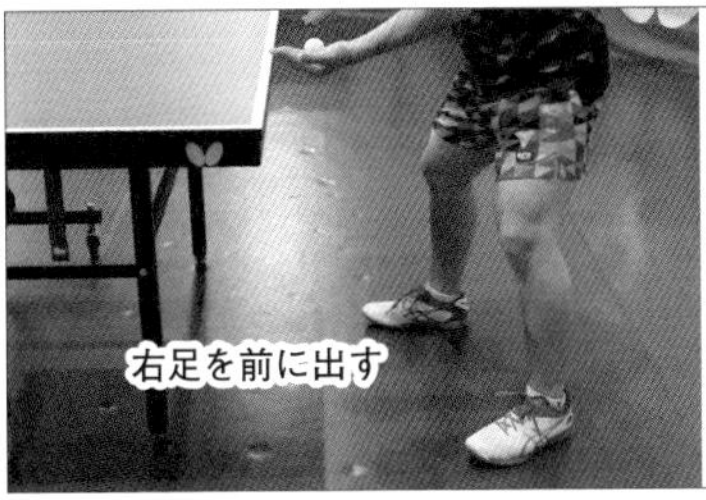
右足を前に出す

サービスを出すときは、台に対して正面を向くように構える。写真のように肩幅よりやや開き、右足を10～15cm程度前に出しておこう。
　足を平行に着いたり、逆に左足が前になってしまうと、体を捻ったとき、右側を向きすぎてサービスが出しにくい。

Point 3 トスはなるべく低く上げる

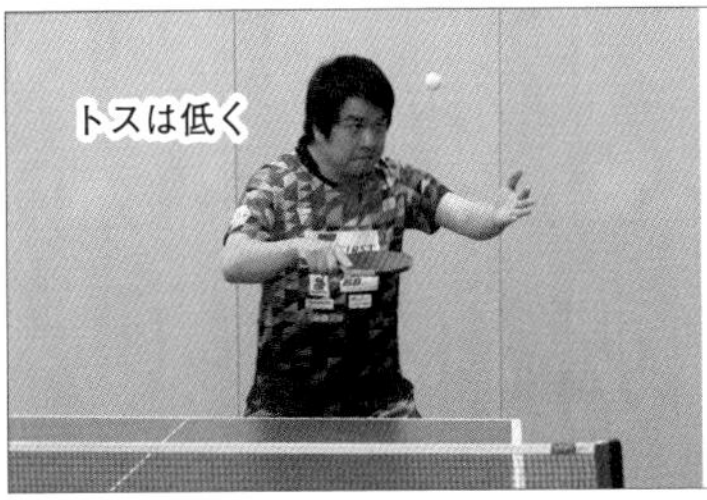
トスは低く

バックのサービスは、よほど得意にしている選手以外は、非常に安定しにくい。そのため、フォアよりもさらにトスを低くする必要がある。
　ルールでは16cm以上となっているので、限りなくその数字に近い高さでトスを上げるよう意識しておこう。

アドバイス

バックハンドサービスは主流ではない

現在、国内のみならず国外の選手を見渡してみても、バックハンドサービスを出す選手はあまり多くない。まったくいないとはいわないが、フォアハンドサービスが主流だ。

　理由はいろいろ考えられるが、サービスが安定しない、というのが大きな理由と思われる。もちろん、得意としている選手がバックハンドサービスに磨きをかけるのは構わないが、得意ではない、これから覚えたい、ということであれば、積極的に取り組む必要はあまりないサービスであると知っておこう。

No.12

基本的なサービス
右横回転サービス

Point 1

流れ

ラケットの持ち方を変え、
立ててボールの左側を擦る

右横回転をかけるには、ラケットの握り方を変えて立てて持ち、ボールの左側を前方に擦る

右横回転サービスを出す際は、通常のラケットの持ち方では難しい。そこで、まずはラケットの持ち方を、ラケット面を親指と人差し指で挟むように持ち変えよう。こうすることで、横回転がかけやすくなる。その上でラケットを垂直に立ててボールの左側を前方に擦るように打てば、ボールは自分から見て右に曲がっていく。

右に曲がっていくということは、サービスを右側のコースに出してしまうと、ボールが台の横に出る恐れがあり、攻撃される危険性が高くなる。ボールの軌道をイメージし、横に出ないようなコースにサービスを出すことが極めて重要になるので、しっかりとした技術を身に付けよう。

Point 3
Point 2

Point 1 ラケットの持ち方を変える

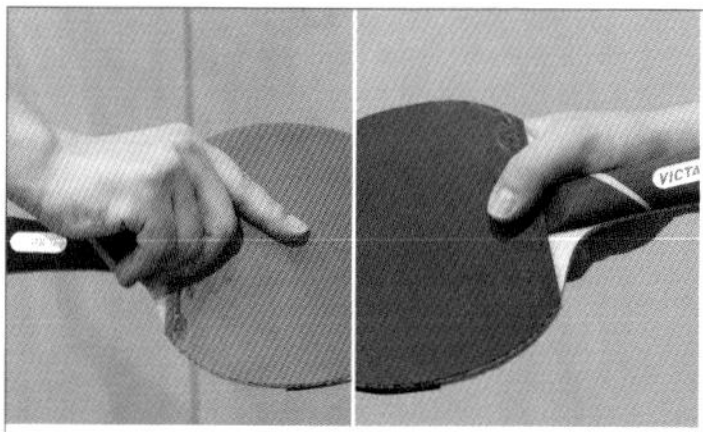

裏から　表から

右横回転サービスを出すときは、ラケットの握り方を変えると動かしやすくなる。写真のように、ラケット面を親指と人差し指で挟むように握ることで、Point2で触れるラケットを立てやすくなるので、結果、サービスが出しやすくなるので覚えておこう。

Point 2 ラケットを立ててボールの左側を擦る

ラケットの握りを変えたら、写真のようにラケットを垂直に立てるようにしてサービスを出そう。

垂直に立てたラケット面で、ボールの左側を前方に擦るように打つことが重要だ。こうすることで外側にスライスしていく横回転のサービスを出すことができる。

Point 3 出すコースと軌道を意識する

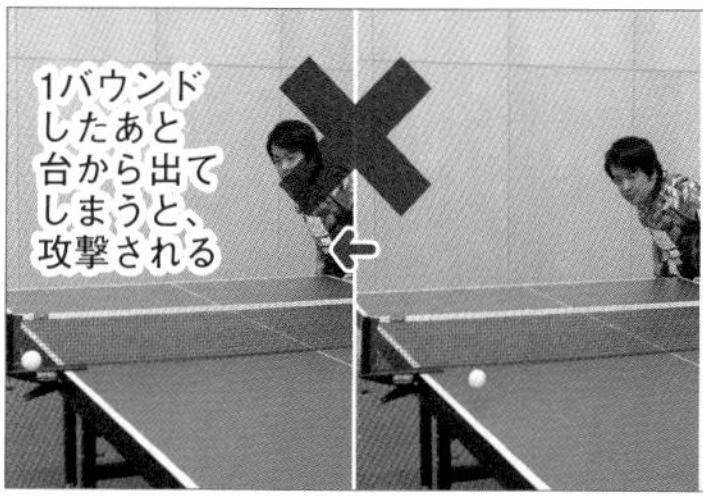
1バウンドしたあと台から出てしまうと、攻撃される

ボールは自分から見て右に曲がっていく。そのため、右寄りのコースに出してしまうと、ボールが台の横に出る軌道を描く可能性が高い。

これでは相手に攻撃されやすくなるので、曲がった先がセンター付近になる軌道をイメージしてサービスを出そう。

アドバイス

右横回転系は世界的に主流

ここで解説した右横回転はもちろん、右横上、右横下回転のサービスは、現在、世界的に見ても主流のサービスとなっている。それほど基本中の基本のサービスといえるだろう。世界を目指す目指さないに関わらず、卓球に打ち込んでいるなら、ぜひマスターしたいサービスの筆頭だ。

ただし、Point3でも触れたが、台から出てしまうようなコースに打ってしまうと、相手に攻められてしまうので、コースには細心の注意を払い、イメージ通りに出せるように技術を磨いておこう。

Point 1

流れ

No.13

基本的なサービス
左横回転サービス

ラケットを内側に向けて立て、
ボールの右側を前方に擦る

左横回転をかけるには、ラケットの握り方を変えて立てて持ち、肘を上げてボールの右側を前方に擦る

左横回転サービスを出すときは、前項で解説した右横回転同様、まずはラケットの持ち方を変えよう。ラケットを垂直に立てやすくなるので、ボールに左回転がかけやすくなる。

トスは慣れないうちは高く上げず、低めに上げて安定させることを心がけよう。肘を上げて脇に空間を作るようにすると、ラケットの面を内側に向けて立てやすくなる。この状態からボールの右側を前方に擦るように捉えればいい。左横回転サービスは、世界的に見ても、得意としている選手は多くない。それだけに、しっかり練習して右横回転同様、駆使できるようになると、大きなアドバンテージとなるので、ぜひチャレンジしてみてほしい。

Point 1 ラケットを内側に向けて立て ボールの右側を前方に擦る

左横回転サービスを出すときは、右横回転サービス同様、ラケットの握り方を変えよう。握り方そのものは、右横回転サービスと同じだ。ラケット面を親指と人差し指で挟むように握ると、ラケットを立てやすくなるので覚えておこう。

なお、サービスを打つ際は、ラケットの面を内側に向け、先端を下に向けて垂直に立てるよう意識しながら、ボールの右側を前方に擦るように打てば、左側に曲がっていくサービスが出せる。

ボールの右側を前方に擦る

Point 2 トスを低めに上げ 肘を上げて空間を作る

左横回転サービスを出す際は、慣れないうちは特に、打つポイントが安定しにくい。そこで、トスは低めに上げて、安定させることを心がけよう。

ラケットを上から下に振り下ろしていくとき、肘を上げて脇に空間を作るようなイメージを持っておこう。こうすることで、よりスムーズにラケットの先端を下に向けた状態で垂直に立てられるので、ボールの右側を前方に擦ることが可能となる。

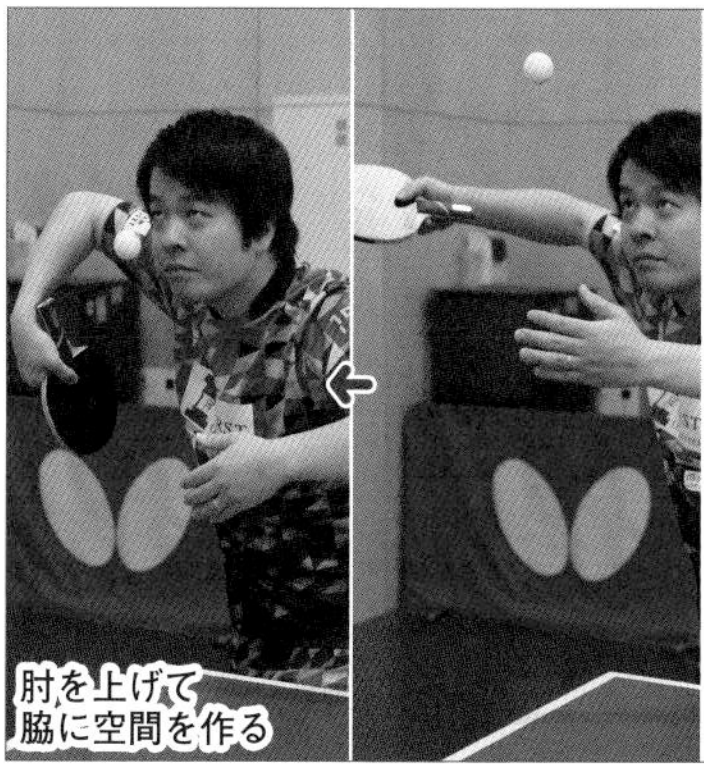
肘を上げて脇に空間を作る

アドバイス

多彩なバリエーションで引き出しを増やそう

現在の卓球界は、世界的に見ても右回転系が主流であることは解説した。ここで解説している左回転を駆使している選手はあまり多くなく、また、上手に操っている選手を見かけることも多くない。多くの選手は下回転と右回転系の組み合わせで試合を組み立てているのが現状だ。

しかし、だからこそ、あまり使われることのない左回転を自分のものにできれば、バリエーションが多くなり、その分、引き出しが増えていく。試合結果に直結するので、しっかり練習しておこう。

Point 1

流れ

No.14

基本的なサービス
右横上回転サービス

ラケットの面を右斜め下に向け、
ボールの左斜め下を引き上げる

右横上回転をかけるには、ラケットの握り方を変えて右斜め下に向け、ボールの左斜め下をラケットで引き上げる

右横上回転サービスを出す際は、これまで解説した他の回転サービス同様、まずはラケットを親指と人差し指で挟むように持ち変えておくと、回転をかけやすくなる。ここではボールに右横上という斜めの回転をかけるので、ラケット面を外側に向け、垂直ではなく、ラケットの先端をやや右斜め下に向けておく。その上で、ボールの左斜め下を、ラケットを引き上げるように擦り上げれば、右横上回転がかけられる。

　上回転がかかっているので、長く出してしまうと1バウンドで台から出る可能性が高く、攻撃される危険性もあるが、短く出せれば非常に効果的なサービスとなるので、しっかり練習して身に付けよう。

Point 1
ラケットの持ち方を変え ボールの左斜め下を打つ

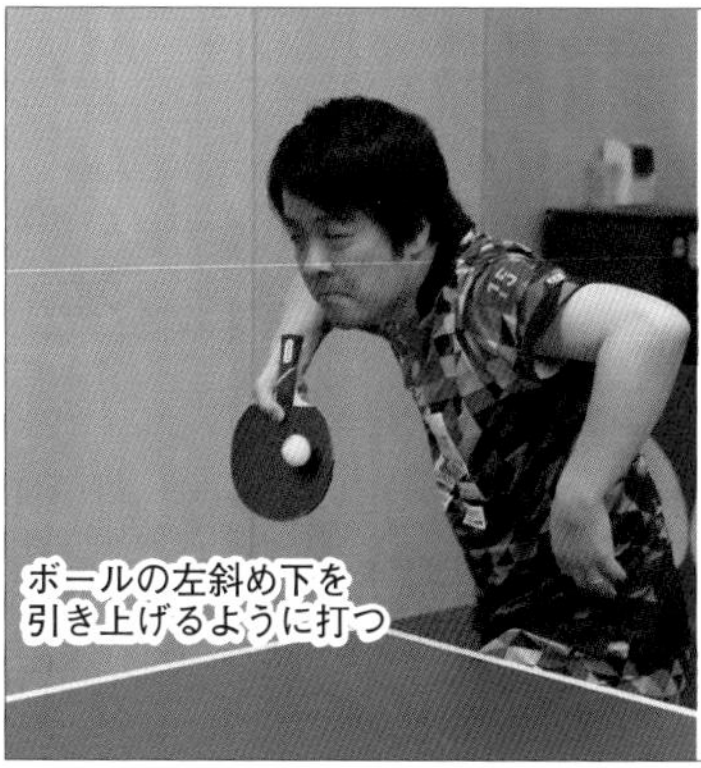

ボールの左斜め下を
引き上げるように打つ

右横上回転サービスを出すときは、右横回転サービスと同じように、ラケットの握り方を変えることで、ラケットを立てやすくなり、ボールに回転を与えやすい。

サービスを出すときは、写真のようにラケットの面を右斜め前に向け、先端をやや斜め下に向けた形を作るよう意識しておこう。この形の状態で、ボールの左側やや斜め下にラケット面を当てると、綺麗な右横上回転がかけられるようになる。

Point 2
斜めに当てて引き上げる

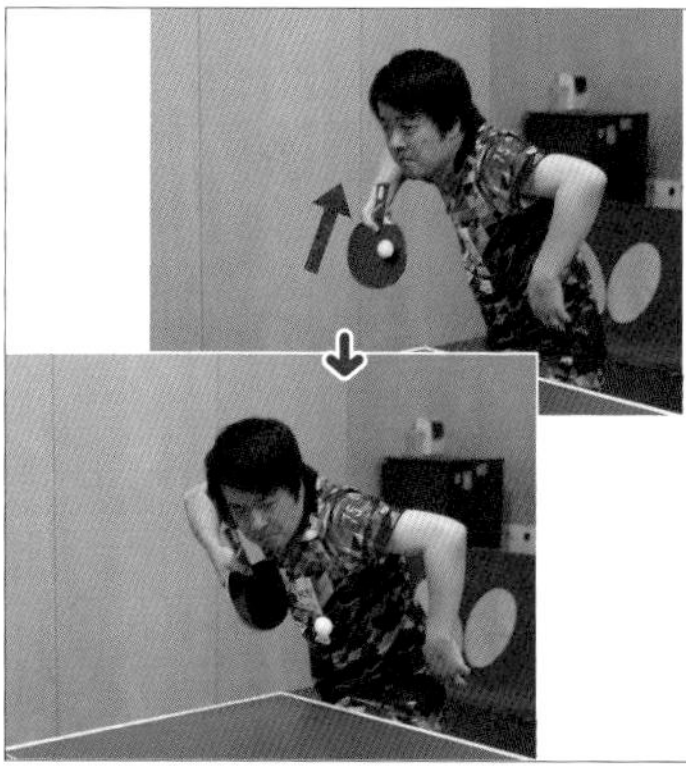

Point1で解説したように、ラケットを右斜め前に向け、ボールの左斜め下を打つが、このときは単にラケットを振るのではなく、ラケットに当たった瞬間、ボールの左斜め下を上に引き上げるようなイメージでラケットを振ることを心がけておこう。振るというよりも引き上げることが肝心だ。

ラケット面は斜め右側に向けているため、上に引き上げることで、自然と右横上の強い回転がかけられるようになる。

アドバイス
短く出せれば攻めやすくなる

右横上回転は、上回転がかかっているので、当然ボールは伸びる性質を持つことになる。そのため、ボールが台から出てしまう可能性が高く、相手に強打を許す危険をはらんでいるのも事実だ。

ただし、短く出せる技術を身に付ければ、相手にとってはレシーブしにくいサーブとなるため、こちらが攻めやすいボールが返ってくる可能性が高くなる。これは試合を進める上で、非常に効果的なサービスとなり得るので、しっかり練習して、短く出せる技術を習得しておこう。

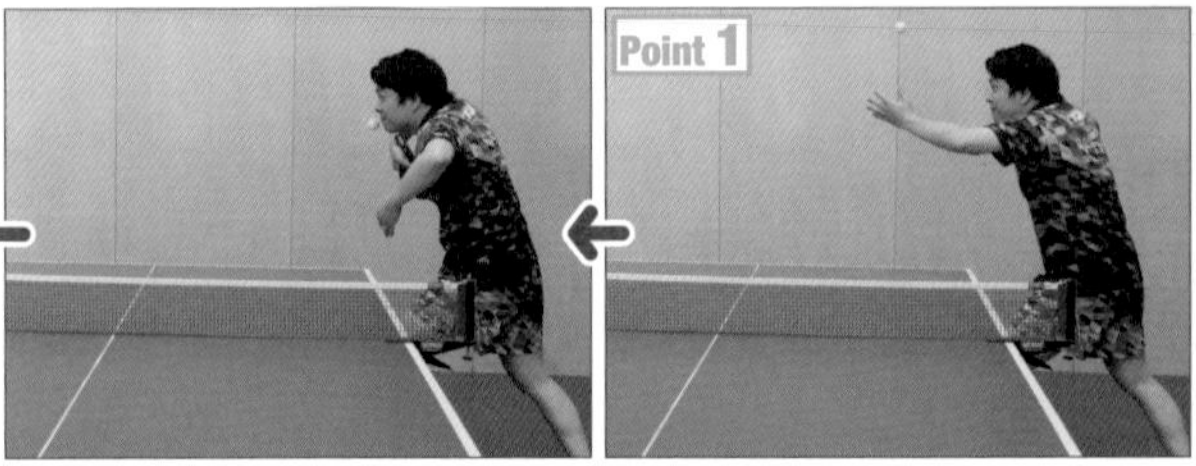
Point 1

流れ

No.15

基本的なサービス
左横上回転サービス

ラケットを左斜め下に向け、
ボールの斜め下を
引き上げるように打つ

左横上回転をかけるには、ラケットの握り方を変えて左斜め下に向け、ボールの斜め下を肘を上げて引き上げる

　左横上回転サービスを出すときは、他の回転サービス同様、ラケットの握り方を親指と人差し指でラケットを挟むように握り変えよう。ここではボールに真横ではなく斜めの回転をかけるので、ラケット面は垂直ではなく、ラケットの先端をやや左斜め下に向けておくことが重要だ。その上で、ボールの斜め下を、肘を上げながらラケットを引き上げるように擦り上げれば、左横上回転がかけられる。

　ただし、このサーブはプロでもコントロールするのが非常に難しい。そのため、サービスの軸にするのではなく、特徴を理解して使用するシーンを限定し、あえてこのサービスで出す、という使い方が望ましい。

Point 1 ラケットの持ち方を変え ボールの斜め下を打つ

左横上回転サービスを出すときは、右横回転サービスと同じように、ラケットの握り方を変えると、ラケットを立てやすくなる。

ボールを打つ位置は真横ではなく、写真のようにボールの右側で、やや斜め下にラケット面を当てると、綺麗な左横上回転がかけられる。

つまり、この写真の位置に当たる角度、ラケット面を斜め左に向け、かつ垂直ではなくやや上向きにする必要がある。

ボールの斜め下を打つ

Point 2 斜めに当てて引き上げる

Point1で解説したように、ボールに対しラケットを斜めに当てて打つが、インパクトの際は、肘を上げて脇に空間を作ろう。こうすることで、ラケットの先端を下に向けて立てやすくすることができる。そのラケットは、下から上に引き上げて、前進回転を加えることを心がけておくといい。

ラケット面は斜め左側に向いているため、ラケットを上に引き上げることで自然と左横上の回転がかけられる。

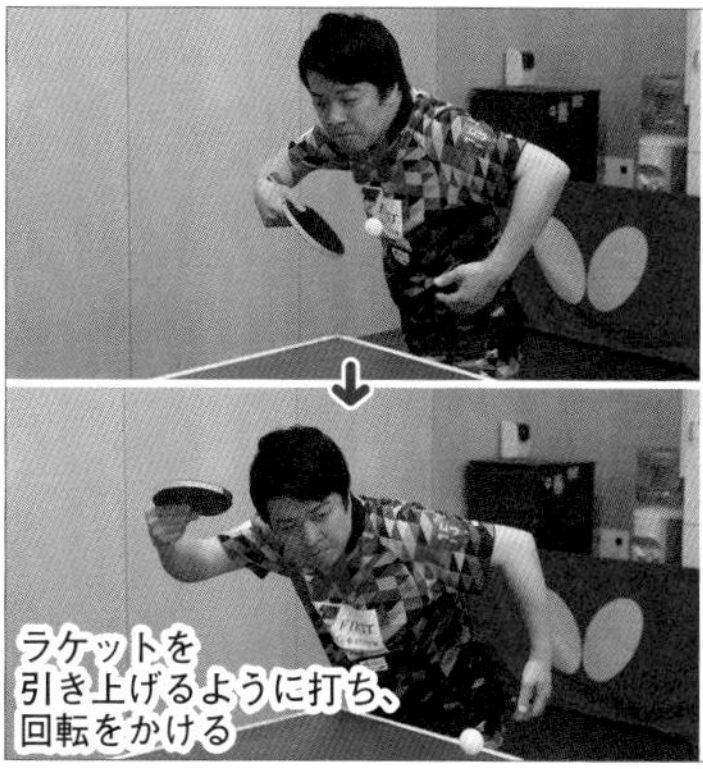

ラケットを引き上げるように打ち、回転をかける

アドバイス 軸にするサービスではないと心得る

このサーブは、プロから見ても難しい。強い回転がかかるため、台に収めるのが非常に困難なだけでなく、上回転でボールが伸びていくため、強打で返される危険性も高くなってしまうからだ。そのため、このサービスを得意とし、軸にして試合を進める選手は多くないといえる。

このサーブを用いるシーンとしては、打ち合いのラリー展開に持ち込みたいときや、相手が短いリターンを狙っていると感じたときなどがあり、状況に応じて効果を発揮する。

Point 1

流れ

No.16

基本的なサービス
右横下回転サービス

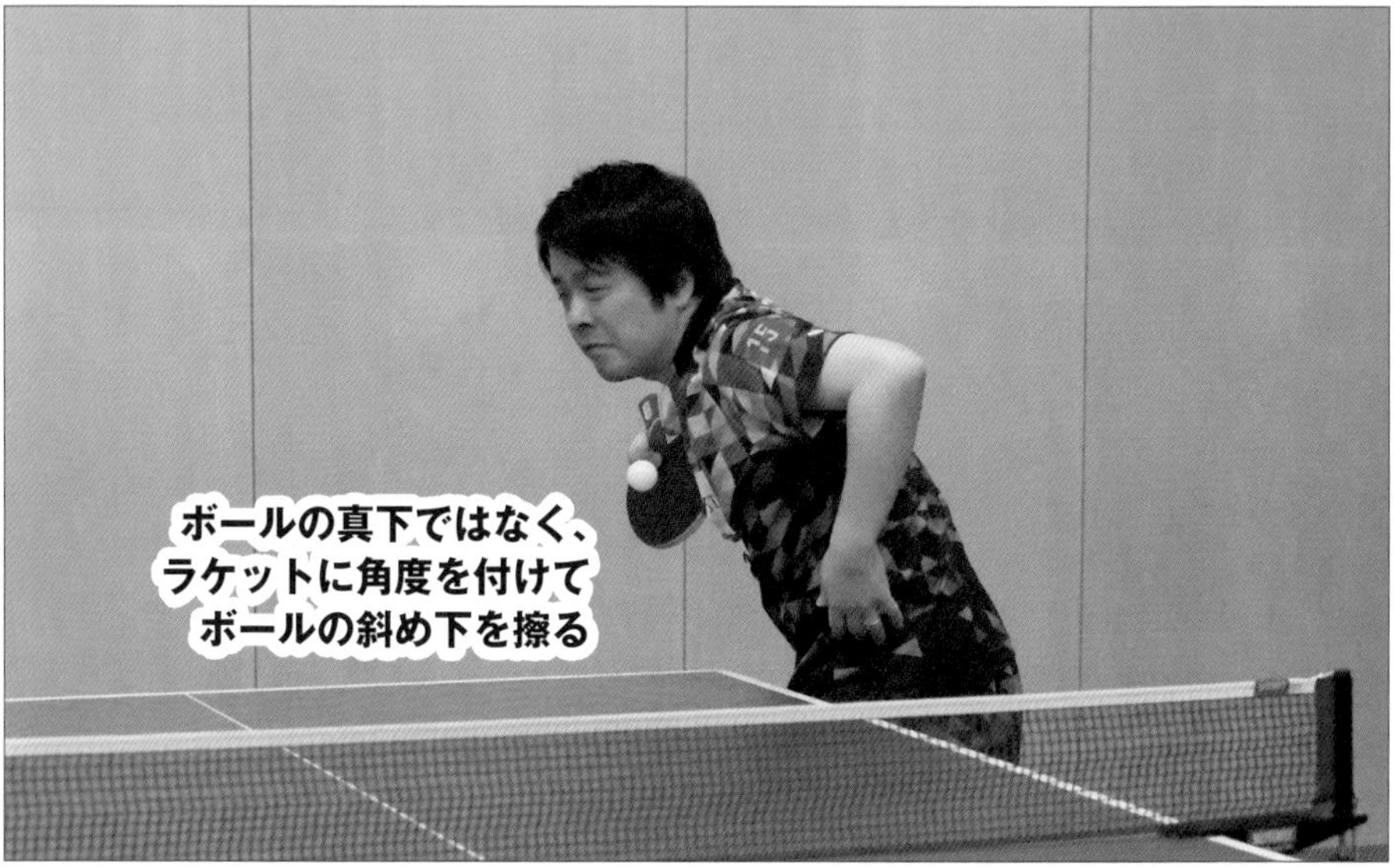
ボールの真下ではなく、
ラケットに角度を付けて
ボールの斜め下を擦る

右横下回転をかけるには、ボールの真下ではなくラケット面に角度を付け、ボールの斜め下を擦るように前に出す

下回転サービスでは、打つ際にラケットを持ち変えることはなかったが、ここでは右横回転が加わるため、サービスを打つ際は、これまでの左右の回転サービス同様、ラケットを持ち方を変えておこう。また、右横下回転とはいっても、右横と下の中間（45度）ではなく、下回転に少しだけ右横回転を加える、というイメージを持っておくといい。

横回転が強くなると、サービスが台から出る恐れもある。右横回転を加えるには、ラケットに少しだけ角度を付け、ボールの真下ではなく、やや角度を付けた位置を擦るように打つといい。世界的にも多くの選手に使われるサーブなので、練習してしっかりとした技術を身に付けておこう。

Point 2
Point 2
Point 1

Point 1
ラケットの持ち方を変え真下より少し角度を付ける

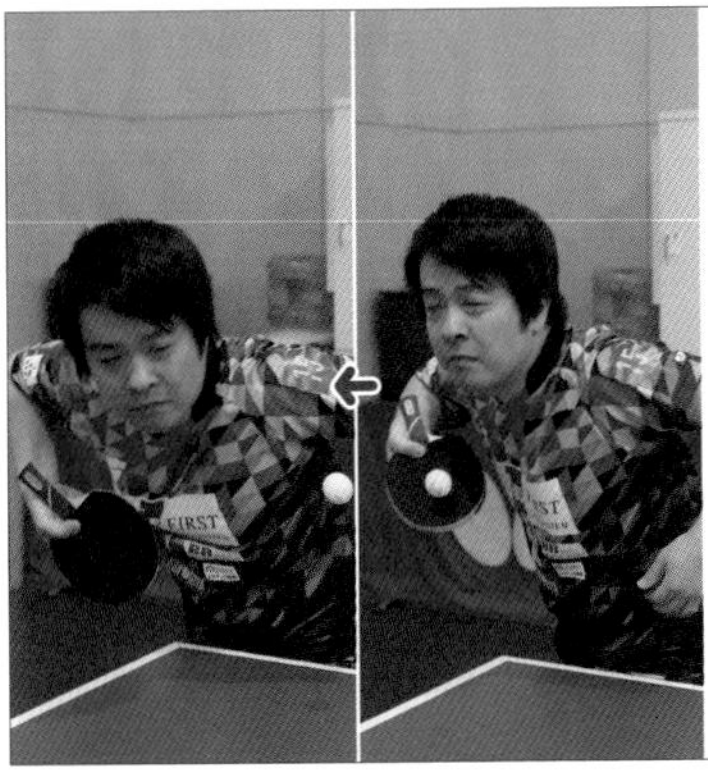

右横下回転サービスを打つ際は、ラケット面を親指と人差し指で挟む持ち方に変えることで、ラケットを立てやすくなり、ボールに回転を与えやすい。

右横下というと、右と下の中間、45度付近というイメージを持つかもしれないが、実際にこの位置で打つと、横回転が強すぎてしまう。そこで、写真のように真下に少しだけ角度を着けた位置で、下回転に少しだけ横回転を加えるイメージを持っておこう。

Point 2
ラケットに角度を加えやや左側を力を加えて擦る

ラケットの先端を少しだけ下に向け、ボールの下を擦る

Point1で解説したように、真下に少しだけ角度を付けたボールの位置を打つには、ラケットの角度が重要だ。

下回転では打球の進行方向に対して少しだけ角度を付けた。これに加え、ラケットの先端を写真のように少しだけ下に向けた状態でボールの下を擦るように前に出すといい。このとき、ボールに力を加えるようなイメージも持っておくと、強力な右横下回転を加えることができるようになる。

アドバイス
横回転を意識しすぎない

右横下回転サービスは、本文中でも触れたが、あまり横回転を意識しすぎない方がいい。横回転が強すぎると、台から出て強打される可能性が高くなるからだ。下回転に少しだけ右横を加える、というイメージを持っておけば、台から出にくくなり、サービスが安定する。また、下回転でもあるため、長さの調節がしやすい、という特徴もある。

トッププロを含め、多くの選手に使われる主流のサーブでもあるので、しっかり練習して、自分のものとしておこう。

Point 1

流れ

No.17

基本的なサービス
左横下回転サービス

肘を上げてボールの右斜め下を
引き上げるように打つ

左横下回転をかけるには、ボールの真下ではなくラケット面に角度を付け、肘を上げボールの斜め下を擦って前に出す

前項の右下回転サービスと同じだが、このサービスは下回転が加わるので、まずはラケットを指で挟むように持ち変えておくと、サーブを出しやすくなる。また、左横回転は少なめにするイメージで、下回転に若干左横回転を加える程度と考えておこう。横回転が強すぎると、台から出てしまう恐れがあるからだ。

ラケットを振り下ろす際は肘を上げて脇を開け、ラケットの先端を水平よりもやや左下に向ける。その角度からボールの真下ではなく右斜め下を前方に擦り上げればいい。安定して出せれば、台に収めやすく、厳しいレシーブが返ってくる可能性を低くできる、非常に効果的なサーブとなる。

Point 2
Point 1
Point 2

Point 1
ラケットの持ち方を変え真下より少し角度を付ける

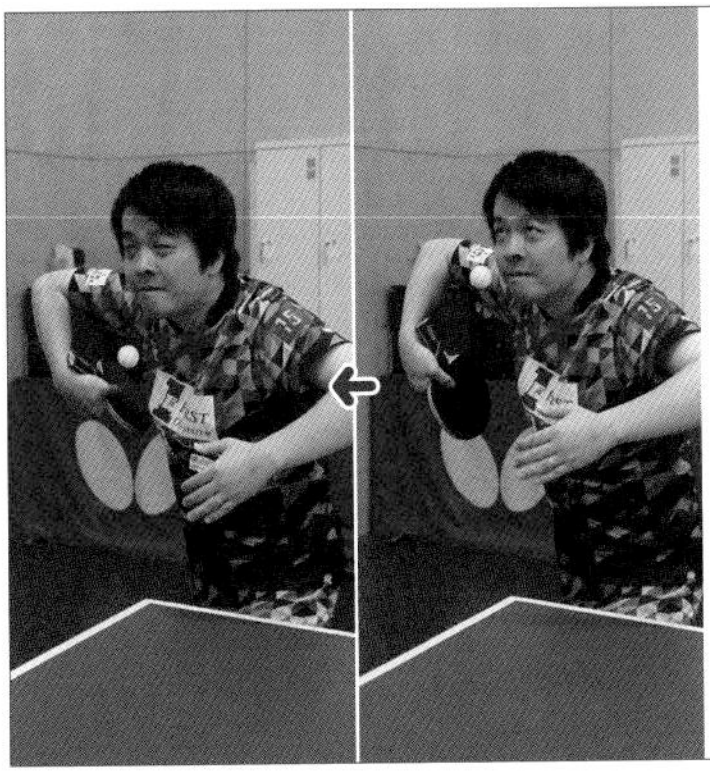

左横下回転サービスを出すときは、右横回転サービスと同じように、ラケット面を親指と人差し指で挟む持ち方に変えると、ラケットを立てやすくなる。

右横下回転と同様だが、左横下回転の場合も、左と下の中間、45度付近というイメージではなく、真下に少しだけ角度を付けた位置を打つと覚えておこう。横回転が強すぎると、ボールが台を出る恐れがある。少しだけ横回転を加えるイメージだ。

Point 2
斜めに当てて前方に引き上げる

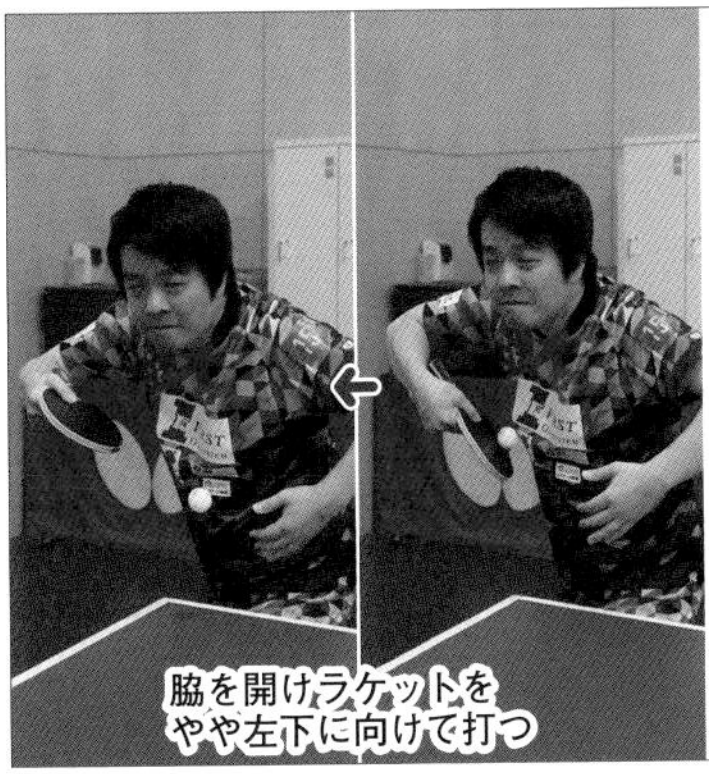
脇を開けラケットを
やや左下に向けて打つ

左横下回転サービスは、肘を上げて脇を開け、ラケットの先を真横ではなく、写真のようにやや左下に向けた状態でボールを打つイメージを持っておこう。

ラケットの角度を、1枚目の写真のように作っておくことで、真下ではなく、ボールのやや右側にラケット面が当たるようになる。この角度の状態から、そのまま前方に引き上げるようなイメージでラケットを振ることで、強力な左横下回転がかけられる。

アドバイス
難易度は高いが効果的なサーブ

左横下回転サービスは、台に収めやすいサーブであると同時に、相手にとってはレシーブしにくいサーブでもある。レシーブしにくいということは、当然、厳しいレシーブが返ってくる可能性も低くなるわけだ。

難易度でいえば高めではあるが、しっかりと技術を磨き、安定してサーブが出せるようになれば、非常に効果的なサーブであるといえる。もちろん、自身のプレーの幅を広げることにも直結し、試合で勝てる可能性も広がってくるので、チャレンジしてみよう。

Column2 卓球強国とラバー②

ヨーロッパ選手と日本ラバー

ドイツを中心としたヨーロッパ選手の特徴は、なんといっても力の強さだ。アジアの中でも特に日本人選手は全体的にパワーが高くなく、強いボールを打つことができない選手が多い中、ヨーロッパ選手は持って生まれた体の力の強さがあるので、ボールの威力、スピードだけではなく、回転をしっかりかけ、ものすごい回転量のボールを打ってくる選手が多く存在する。

ヨーロッパ選手の多くが使用している用具は、日本人と同じ日本ラバーなのだが、日本人選手とは体格が違うため、前述したように日本人では打てないような打球が飛んでくる。日本国内の選手としか対戦したことがない選手であれば、とても打ち返せないようなボールだ。これはヨーロッパ選手だけではなく、韓国人選手にもいえることだ。韓国はアジア圏だが、日本人選手と比較したとき、しっかりとした体格の選手が多く、ヨーロッパ選手の体格に近い印象だ。

それぞれの国にそれぞれの特徴があり、日本人選手は体力で劣りながらも、日本人ならではの特徴を活かして戦っている。台から離れて打ち合いになるとパワーで不利になってしまうため、台から下がらずに打点の速さで勝負したり、さまざまな技を駆使して勝負するなど、パワー不足を補う技術力で勝負する。それが日本人の最大の特徴といえるだろう。

第二章

レシーブにおける回転

卓球で、いちばん難しい技術といわれているレシーブ。回転の種類を瞬時に判断し、適切なレシーブをする必要があるからだ。ここでは、回転の種類に応じた正しいレシーブの方法について解説していく。

No.18

レシーブの基本

レシーブの三大テクニック

レシーブの基本、
ツッツキ、ストップ、
フリックを覚える

レシーブにおける三大基本テクニック ツッツキ、ストップ、フリック

レシーブは、相手のサービスに対してボールを打ち返すため、単に返すだけではなく、相手の打つサービスの種類（回転の種類）に応じて、適切な対応をする必要がある。レシーブの基本的なテクニックは、ツッツキ、ストップ、フリックの3種類。

ツッツキは強い下回転で相手の台の深い位置を狙い、長く返すテクニック。ストップは、下回転系のサービスに有効なテクニックで、ネット際へ短く返す。フリックは上回転、上横回転に有効なテクニックで、ラケットを返して強く返す。これらの技術を身に付けた上で、相手のサービスの種類を的確に見極められるようになろう。地味な技術と受け取られる向きもあるが、強い選手ほどレシーブに長けているといわれている。

Point 1 下回転で深い位置を狙うツッツキ

ツッツキで
深い位置を狙う

レシーブにおける基本中の基本となるツッツキ。下回転のサービスであればラケット面を上に向けて、台の深い位置を狙って長く返すことが重要だ。強い下回転がかかるため、相手の強い戻りがくる可能性が低くなる。同時に、深い位置で相手にプレッシャーをかけられるので、ミスを誘発する可能性も高められる。

Point 2 ネット際へ短く返すストップ

ストップで
短く出す

特に下回転系のサービスに対して有効なストップ。下回転のサービスであれば、ラケットの面を上に向け、ボールを打つ瞬間に力を入れ、ラケットを止めるようなイメージで打つことが重要だ。

こうすることで、ボールをネット際へ短く返すことが可能となる。台の中で2バウンドさせるイメージで打つといい。

Point 3 上回転、横上回転に適したフリック

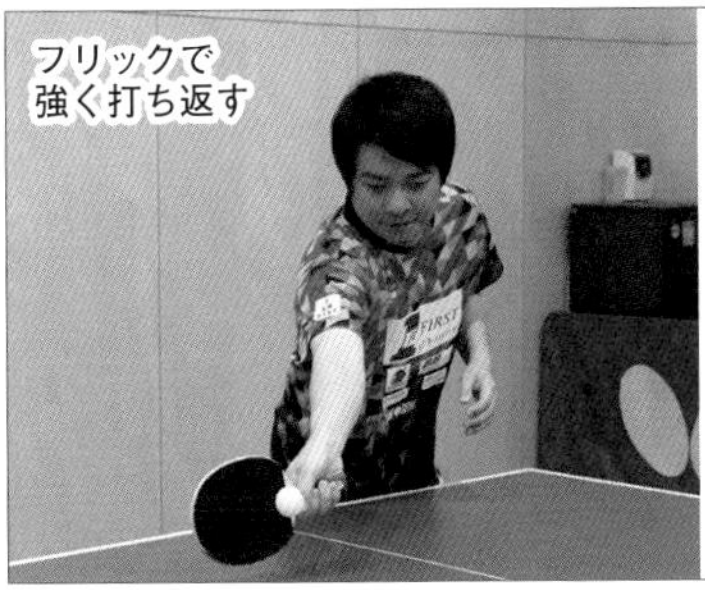
フリックで
強く打ち返す

特に上回転や横回転のサービスに対して有効なフリック。ボールを打つ瞬間、掬うようなイメージでラケット（手首）を返し、その力を利用して強く打ち返す。

ラケットの面を上に向ける必要がある下回転系のサービスには不向きといえるので、サービスの種類をしっかりと見極めることも重要だ。

アドバイス

意識的にレシーブを練習する機会を作る

レシーブは卓球でいちばん難しい技術であるといわれている。相手が自由に回転をかけ、自由な場所に出してくるサービスを返さなければならないからだ。しかし、難しいからといって不得意にしていたままでは、試合で勝つのは難しい。試合で勝てる選手は、レシーブを得意としているものだ。そうはいっても、レシーブの技術が一朝一夕で身に付くはずもなく、かなりの練習量が必要になってくる。

また、サーブ練習は一人でも行えるが、レシーブを練習するとなると、必然的に相手が必要となるため、時間を確保するのも難しい。意識的に多くの選手のサーブをレシーブする機会を作り、日々、技術を磨くよう心がけよう。

Point 2

Point 1

流れ

No.19
下回転サービスに対するレシーブ-1
ツッツキ

ボールの位置に移動して、
深い位置を狙う

下回転サービスに対しては、ボールに近づきラケット面を上に向け、深い位置を狙って長く返す

下回転サービスに対するレシーブのひとつに、ツッツキのテクニックがある。ツッツキでレシーブする際、まず大切なのはボールの位置にしっかり動くこと。体を移動させず腕の操作だけで対応しようとしても上手くいかない。

ボールの位置に動いたら、ラケットの面をやや上に向け、右足を一歩前に出してボールに近づきながら、相手の深い位置を狙って長く返すことが重要だ。下回転で深い位置にレシーブできれば、相手の強打がくる可能性を低くすることが可能だ。レシーブは一見すると地味なテクニックだが、試合に勝つ上で、とても重要なテクニックなので、しっかりとした技術を身に付けておこう。

Point 3
Point 3
Point 2

Point 1 ボールの位置に動き ボールに近づく

ボールの位置に移動する

ツッツキでレシーブするとき、まずはじめに大切となるのは、腕の操作だけで対応するのではなく、ボールの位置にしっかり体を移動させることだ。

体を移動させたら、右利きの選手なら右足を一歩前に出し、ボールに近づきながら打つことが重要だ。

Point 2 サーブの種類に合わせラケットの角度を変える

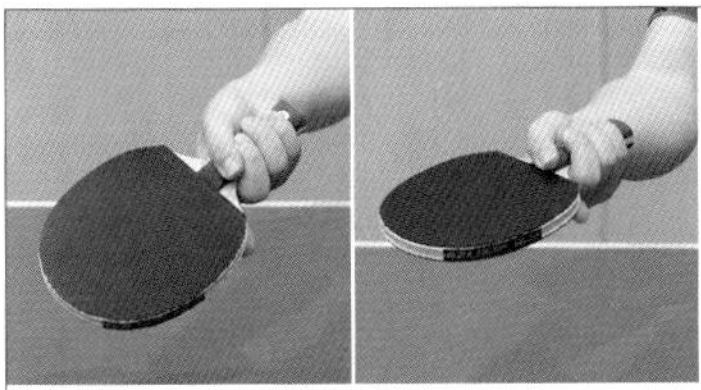

横回転が加わっている場合　下回転の場合

レシーブする際は、相手のサーブに合わせて対応する必要がある。

ツッツキは下回転や横下回転に効果的なので、下回転サービスであればラケットの面をやや上に向ける。横回転が加わっているようであればラケットの面を横に向けて対応しよう。

Point 3 台の深い位置を狙い長く返す

台の深い位置を狙う

ツッツキは、相手の台の深い位置を狙って、長く返すことが重要だ。深い位置にボールを出せれば、強打がくる可能性が軽減する。

ボールを長く返すには、ボールがラケットに当たっている時間を長くするようなイメージで腕を前に出そう。

アドバイス 試合に勝つための大切なテクニック

ツッツキ等、レシーブは大切なテクニックだが、強い打球の応酬やスマッシュといったような派手さはなく、どちらかというと地味なテクニックと捉えられてしまう傾向がある。そのため、重要視されず、技術向上をおろそかにしてしまいがちだが、レシーブの上手な選手ほど強いといわれているのも事実だ。

卓球ではサービス側が圧倒的に有利だが、レシーブの技術が高く、後手にならずにラリーに持ち込めれば、試合に勝てる可能性は格段に高くなるわけだ。

Point 1

Point 1

流れ

No.20
下回転サービスに対するレシーブ -2
ストップ

瞬間的に力を込め、
ラケットの
動きを止める

下回転サービスに対し、ボールに近づきラケット面を上に向け、瞬時に力を入れてラケットを止めて短く返す

前項では下回転サービスに対するレシーブのひとつ、ツッツキについて解説したが、ここでは同じ下回転サービスに対するレシーブの技術のひとつ、ストップについて解説していく。

ツッツキとストップは、ボールを打つ瞬間までは、同じような動きを行う。ボールの位置に体を動かすと、ラケット面をやや上に向けながら右足を一歩前に出してボールに近づくことまでは同じだ。違いはラケットがボールを捉えた直後の動作で、ストップでは瞬時に力を入れてラケットの動きを止めることが重要となる。こうして短く返すストップと長く返すツッツキを織り交ぜ、相手に揺さぶりをかけながら試合を進めていこう。

Point 2
Point 2

Point 1
移動してボールに近づき、ラケット面を上に向ける

ラケットの面を上に向ける

前項のツッツキ同様、ストップであっても、レシーブ時は、腕の操作だけで対応するのではなく、必ずボールの位置に体を移動させることが重要だ。体を移動させたら、右利きの選手なら右足を一歩前に出し、ボールに近づきながら打つことが重要だ。

サーブの種類を見極めた上で、ストップでレシーブすると判断したら、ツッツキ同様、ラケットの面をやや上に向けて、レシーブする準備をしよう。

Point 2
打つ瞬間に力を入れ短く返す

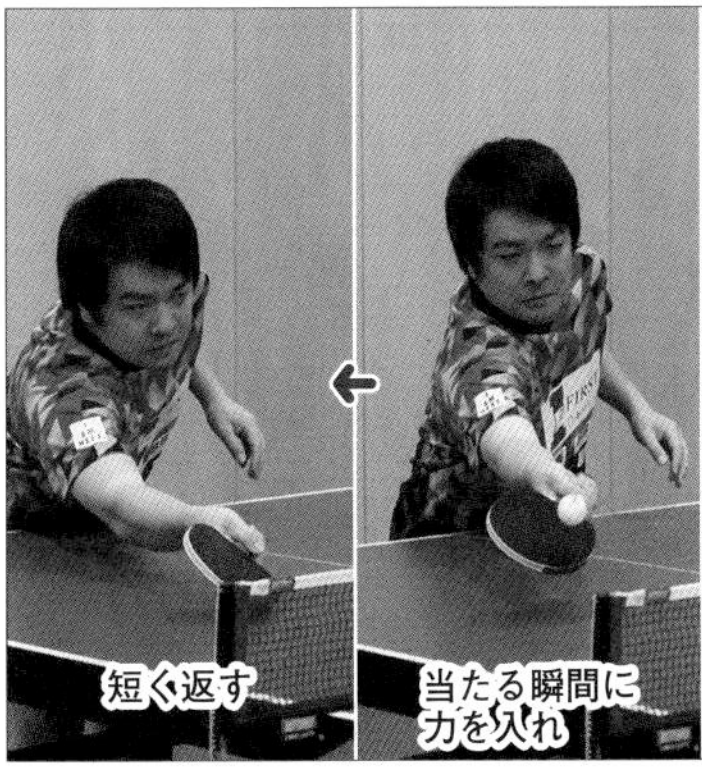
当たる瞬間に力を入れ
短く返す

ボールを打つときは、インパクトのタイミングに合わせて瞬時に力を入れ、ラケットを止めるイメージを持っておこう。決して強く打つという意味ではなく、瞬間的に力を込めてラケットの動きを瞬時に止めることが主な目的だ。こうすることで、ボールを短く返すことができる。

そして、相手の台の上で2バウンドする長さをイメージし、その長さ（短さ）で返せる技術を身に付けておこう。

アドバイス
ツッツキとストップの違い

前項で解説したツッツキとストップは、体の動きやラケットの面の向きなど、共通項が多い。違いはボールを捉えた直後の動き。ツッツキはボールを長く出すために、腕を前に出していく。逆にストップでは、ボールを短く出すために、力を入れて動きを止めることが重要だ。

次項のフリックもボールを捉えた直後の動きに違いがあるだけなので、その特徴を利用し、ツッツキと見せかけてストップやフリックに切り替えるなど、試合中、相手を揺さぶることも考えよう。

No.21
下回転サービスに対するレシーブ -3 フリック

流れ

Point 1

Point 1

掬うように
ボールを捉え、
ラケットを返す

下回転サービスに対し、掬うようにボールを捉え、捉えた瞬間ラケットを返す

下回転サービスに対するレシーブには、ツッツキやストップの他に、フリックというテクニックもある。こちらもツッツキやストップ同様、ボールを打つ瞬間までは、同じような動きを行う。ボールの位置に体を動かすこと、ラケット面をやや上に向けながら右足を一歩前に出してボールに近づくことまでは同じだ。

違いはラケットを振る際、ボールを下から上に掬うようなイメージで始動させ、ボールを捉えた瞬間にラケット（手首）を返してボールを前に飛ばすこと。

この3つをしっかりと自分のものとし、共通点を利用して、相手を揺さぶることができるようになれば、より一層、試合を優位に進められるようになる。

Point 1
移動してボールに近づき、ラケット面を上に向ける

ツッツキや前項のストップ同様、フリックも、レシーブ時は、腕の操作だけで対応するのではなく、必ずボールの位置に体を移動させることが重要だ。体を移動させたら、右利きの選手なら右足を一歩前に出し、ボールに近づきながら打つことが重要だ。

体を移動させたら、サーブの種類を見極めた上で、フリックでレシーブする際は、ツッツキやストップ同様、ラケットの面をやや上に向ける。

移動して面を上に向ける

Point 2
ボールを捉えた瞬間にラケットを返す

ボールを打つときは、Point1で解説したように面を上に向け、ボールを下から掬うようなイメージでラケットを振り始め、ボールを捉えた瞬間にラケット（手首）を返し、その返す力を利用してボールを前に飛ばそう。ボールの長さは意識しなくてもいい。

大切なのは、必ずラケットの面を上に向けて始動すること。ボールに対し垂直の状態で捉えてしまうと、ボールがネットを超えなくなってしまうので注意しよう。

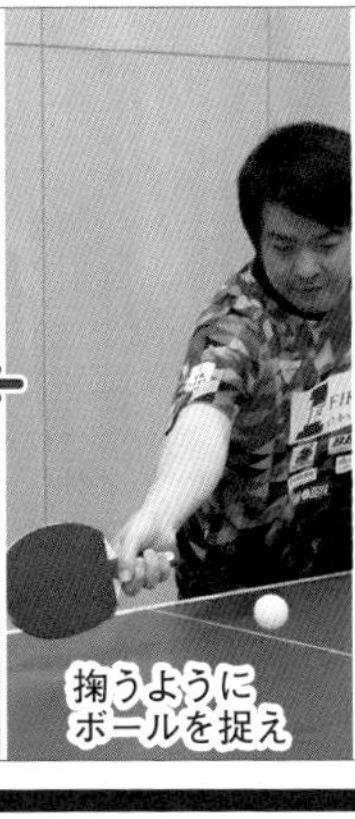
掬うようにボールを捉え

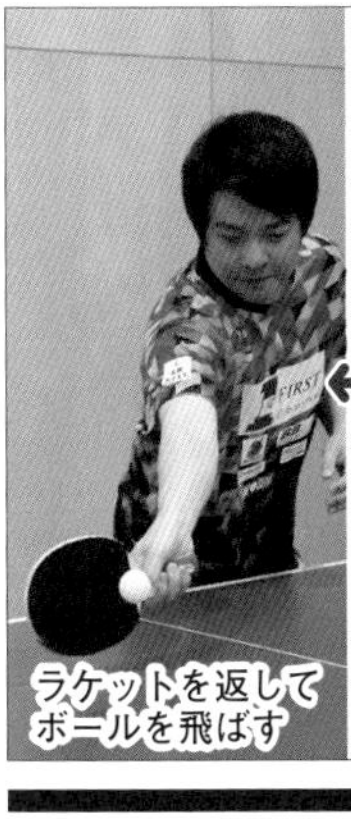
ラケットを返してボールを飛ばす

アドバイス
面を上に向ければ下回転に対応できる

No.18（P46）では、フリックは下回転に不向きであると解説している。下回転に対しは、ラケットの面を上に向ける必要があるため、面を上に向けないフリックでレシーブしてしまうと、ボールがネットを超えない可能性が高くなるからだ。

しかし、ここで解説したように、ツッツキやストップと同じように面を上に向けてボールを掬うように捉えに行き、当たった瞬間にラケットを返す打ち方であれば、フリックでレシーブすることは可能だ。

流れ

No.22
横(上)回転サービスに対するレシーブ-1
フリック

ラケットの面を内側に向け、
ボールの右側を払う

横・横上回転サービスには、ラケットの面を内側に向けてボールの右側を捉える

横回転あるいは横上回転サービスに対するレシーブとして、フリックがひとつの効果的な方法だ。これまで解説してきたツッツキやストップ同様、横回転に対するフリックであっても、まずはボールの位置に体を動かし、右足を一歩前に出してボールに近づくことまでは同じだ。

ここでは横あるいは横上回転なので、ボールがラケットに当たった瞬間、外側に逸れていくことを考慮し、ラケットの面をやや内側に向けること。その状態から、打つときはボールのやや右側を捉えよう。横回転では、回転量によって逸れていく角度は変わるので、ラケットの入りの角度も調整していく必要があるので意識しておこう。

Point 1 移動してボールに近づき、ラケット面を内側に向ける

ここまで解説してきたレシーブ同様、横回転または横上回転サービスをレシーブする際も、必ずボールの位置に体を移動させよう。さらに、右利きの選手なら右足を一歩前に出し、ボールに近づきながら打つ。ここまではレシーブの際の共通項と認識しておきたい。

その上で、横あるいは横上回転サービスに対しフリックでレシーブする際は、写真のようにラケットを内側に向けて面を作っておくことが重要だ。

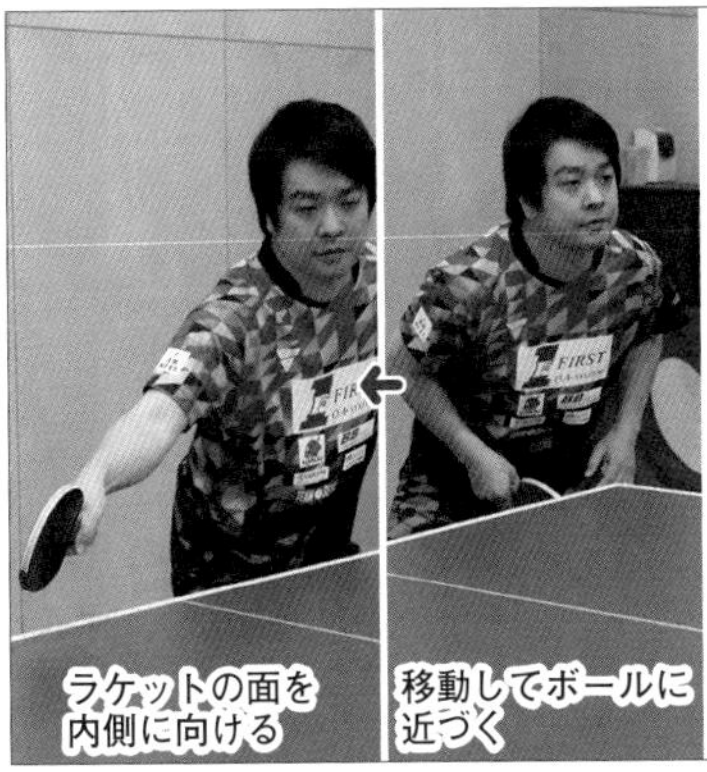

Point 2 ボールのやや右側を強く払うように打つ

ボールを打つときは、Point1で解説したように面を内側に向け、ボールのやや右側を捉えるようなイメージで打とう。横回転のサービスに対し、ラケットの面を直角にした状態でボールの真後ろを捉えてしまうと、イメージしているよりもボールは外側に飛んでしまうからだ。

この角度を作った上で、ボールを払うように打ち返そう。長短はあまり気にせず、強く弾き返すことを意識しておく方がいい。

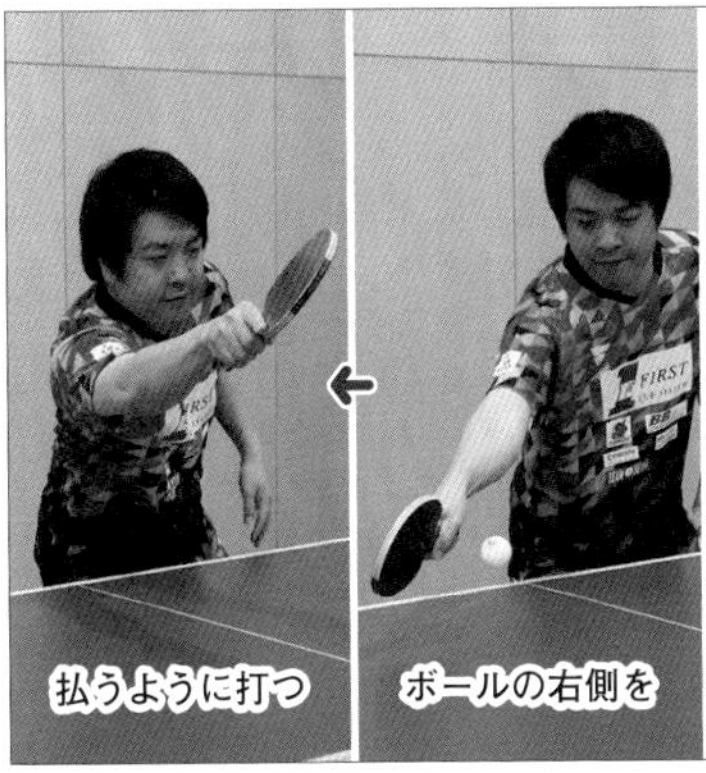

アドバイス

回転量によって角度は変わる

横回転サービスに対しては、ラケットを内側に向けてボールのやや右側を捉えるが、回転数は様々だ。たとえばボールに対して直角にラケットを当てた場合、回転数が少なければ、逸れる角度は大きくならないが、回転数が上がるほど、より外側に逸れていく。つまり、回転量によって入るときのラケットの角度を変える必要があると認識しておきたい。

最適な角度というのを言葉や数値にして表現するのは難しいが、経験や試合の中での実感値などを参考に、角度を調整していこう。

No.23

横(上)回転サービスに対するレシーブ -2
ツッツキ

Point 1

Point 1

流れ

ボールの右から入り、
下を捉える

横・横上回転サービスには、ボールの右から入り、下を捉えて下回転を与える

前項では横回転あるいは横上回転サービスに対するレシーブとして、フリックを解説したが、もうひとつの効果的なレシーブとしてツッツキもある。

ボールを捉える直前までの動きはフリックと同じ。ボールの位置に移動し、右足を前に出して打つ。ラケットは内側に向けて面を作っておく。違いはインパクトの瞬間。ボールの横を捉えるのではなく、内側に向けた面でボールの横、やや右側から入り、面を上に向けてボールの下側を捉える点だ。こうすることで、サービスの横回転に対応しながら、下回転を与えることができる。まずは下回転よりも意図通りにレシーブできるようになることを意識しよう。

Point 2
Point 2

Point 1 ボールに近づき、面を内側に向ける

インパクトの直前まで、つまりサービスに対する入り方は、前項のフリックと同じだ。レシーブに対しては、必ずボールの位置に体を移動させ、右足を一歩前に出し、ボールに近づきながら打つ。横または横上回転に対し、ラケットは写真のようにラケットを内側に向けて面を作っておく。ここまでは共通。

要は、インパクトの瞬間だけが違うということになるので、試合で使い分けてみるといい。

ボールに近づいていき
ラケットの面を内側に向ける

Point 2 右から入って下を捉える

ボールを打つときは、Point1で解説したように面を内側に向け、ボールの横、やや右側から入ってくるが、そのままボールの右側を捉えるのではなく、右から入ってボールの下を捉えるようなラケットの軌道をイメージしよう。サービスの横回転に対応するため、右から入るだけでなく、ボールの下を捉えることで、ボールに下回転も与える、ということだ。こうして深い位置に長く返せると、さらに効果的だ。

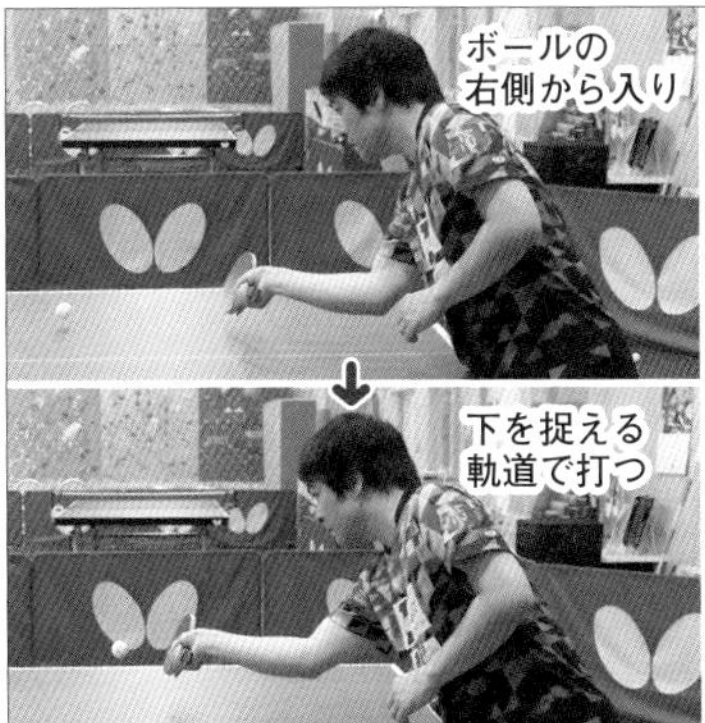
ボールの右側から入り
下を捉える軌道で打つ

アドバイス 徐々にレベルを上げていく

ここで解説した横あるいは横上回転に対するツッツキでのレシーブは、上達してこないとミスが多くなるテクニックでもある。

そこで、まずはミスを減らすことを考え、強い下回転を加えようとするよりも、意図したラインに返すことを意識しよう。これが可能となり、意図通りにレシーブできるようになったら、次のステップとして強い回転をかけることを意識したり、あるいは深い位置を狙うなど、徐々にハードルを上げ、ステップアップしていこう。

Point 1

Point 1

流れ

No.24
横下回転サービスに対するレシーブ -1 ツッツキ

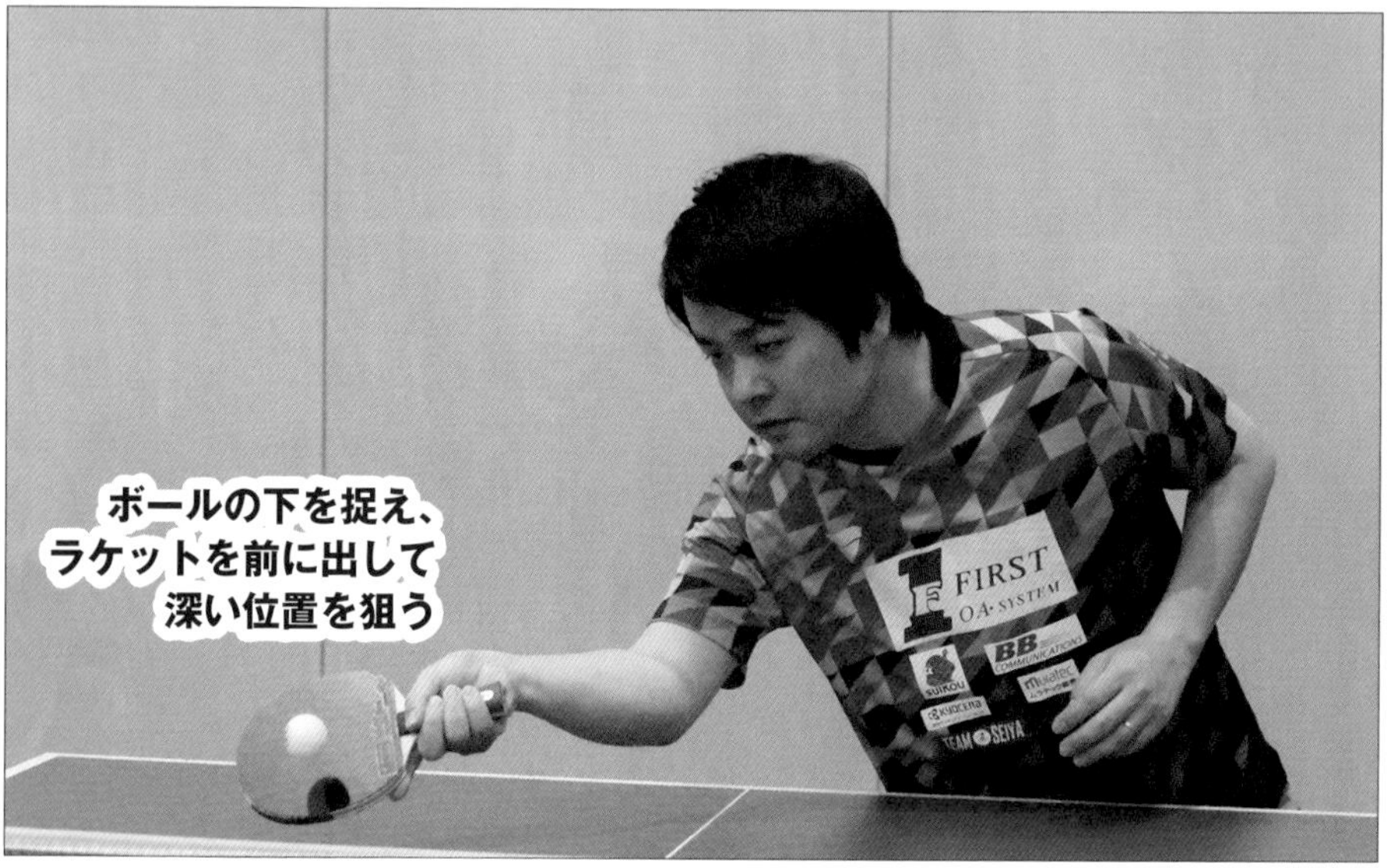
ボールの下を捉え、
ラケットを前に出して
深い位置を狙う

横下回転サービスには、下回転同様、下を捉えて下回転を与えて長く出す

横下回転サービスに対するレシーブとして、ツッツキがひとつの効果的な方法だ。これまで解説してきたツッツキやストップ同様、横下回転サービスに対するツッツキであっても、まずはボールの位置に体をしっかり動かし、右足を一歩前に出してボールに近づくことまでは同じだ。

ボールを打つ際は、横への回転も含まれてはいるが、それほど意識しなくてもいい。下回転サービスに対するツッツキ同様、まずはラケットの面を上に向けて面を作ることが重要だ。打つ瞬間は、ラケットにボールが当たっている時間を長くするようなイメージで、ラケットを前に出して腕を伸ばし、台の深い位置を狙おう。

Point 2

Point 2

Point 2

Point 1 ボールに近づき、水平に近い面を作る

ボールに近づいて、
面を上に向ける

まず大切なのは、これまでのレシーブ同様、ボールの位置に体を移動させ、右足を一歩前に出してボールに近づきながら打つことだ。ここでの違いは、ラケットを写真のように水平に近い状態で面を上にして持ち、少しだけ角度を付けておく点だ。

横上回転に対するレシーブでは、ラケットを内側に向けて面を作ったが、横下回転の場合、左右（内外）に対する角度は、あまり意識しなくてもいい。

Point 2 ラケットの面を上に向け前に出して深い位置を狙う

ラケットを前に出して、
台の深い位置を狙う

ボールを打つときは、Point1で作った面でボールの下、やや後ろ側をラケットを前に出すイメージで捉え、台の深い位置を狙おう。これまで解説してきたツッキ同様、ボールがラケットに当たっている時間を長くするようなイメージで、腕を伸ばすといい。

横上回転に対するレシーブでは、ラケットの面を内側に、左横上回転では面を外側に向けるが、横下回転を含む下回転系には、面の角度は意識しなくていい。

アドバイス

横回転系と下回転系と考える

横回転サービスと横上回転サービスに対するレシーブ方法は、ほぼ同じ技術で対応できる。ラケットを内側に向け、横回転に対して角度を作りさえすれば、ほぼ対応できるからだ。一方、同様の考え方として、下回転と横下回転も、ほぼ同じ技術で対応できるといえる。横回転が加わっていたとしても、そこに気を使う必要はなく、下回転と同様の面の作り方で対応できるからだ。

横回転系に対する面

下回転系に対する面

Point 1

Point 1

流れ

No.25

横下回転サービスに対するレシーブ -2 ストップ

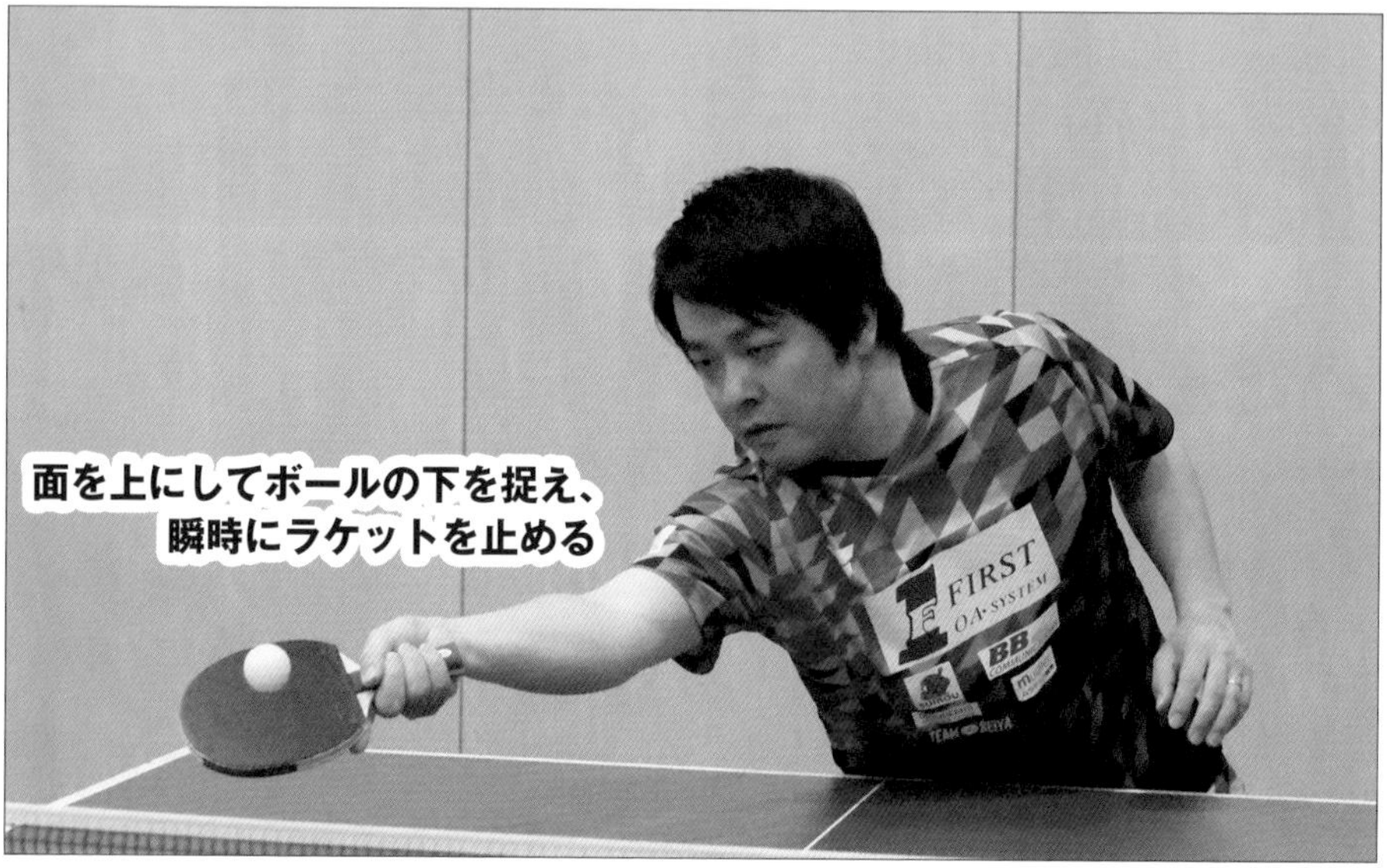
面を上にしてボールの下を捉え、
瞬時にラケットを止める

横下回転サービスには、瞬時に力を入れて下回転を与え短く返す

横下回転サービスに対するレシーブは、ツッツキの他に、ストップも効果的だ。前項で解説したツッツキ同様、まずはボールの位置に体を動かし、右足を一歩前に出してボールに近づくことが重要となる。その上でラケットを水平に近い状態で面を上にして持ち、少しだけ角度を付けておこう。

横下回転に対するストップも、横回転を考慮する必要はない。下回転に対するストップと同じように、ボールの下、やや後ろ側を捉えよう。インパクトのタイミングに合わせ瞬間的に力を込めてラケットの動きを瞬時に止めることで、回転数を多くすると同時に、ボールを短く返すことができるようになる。

Point 1
Point 2
Point 2

Point 1 ボールに近づき、水平に近い面を作る

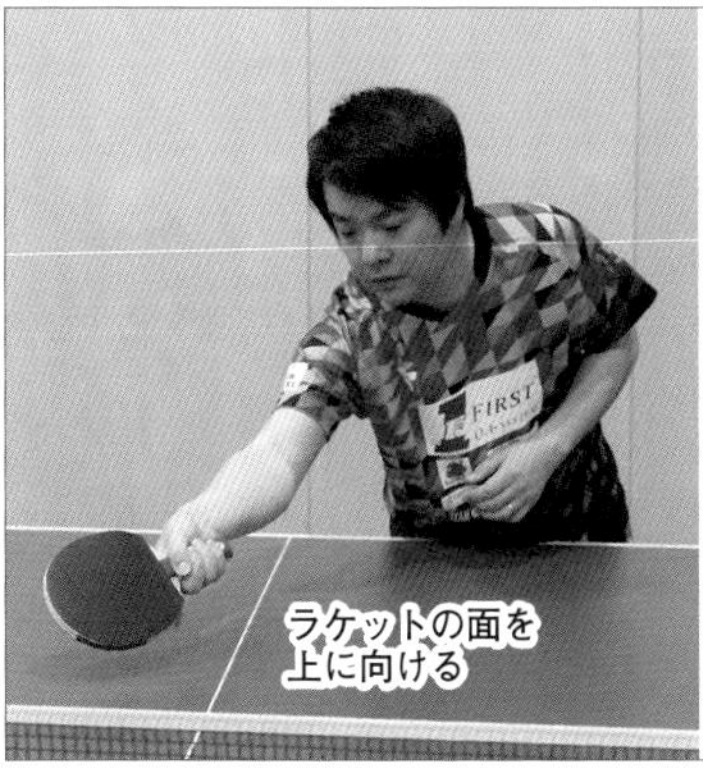
ラケットの面を
上に向ける

まず大切なのは、前項で解説したツッツキ同様、ボールの位置に体を移動させ、右足を一歩前に出してボールに近づきながら打つことだ。さらには、ラケットを写真のように水平に近い状態で面を上にして持ち、少しだけ角度を付けておく点も同様だ。

横上回転に対しては、ラケットを内側に向けて面を作ったが、横下回転に対しては、左右（内外）に対する角度は、それほど意識する必要はない。

Point 2 打つ瞬間に力を入れ短く返す

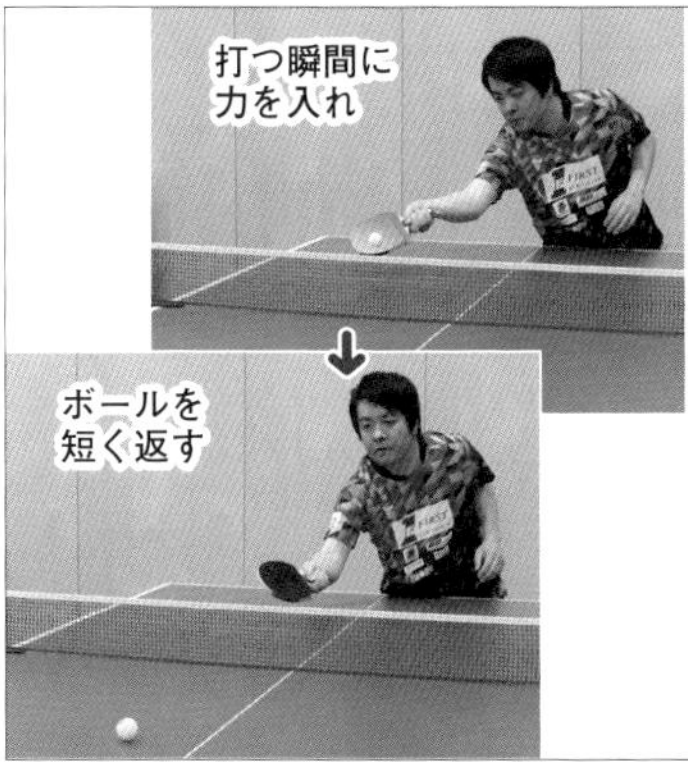
打つ瞬間に
力を入れ
ボールを
短く返す

ボールを打つときは、Point1で作った面でボールの下、やや後ろ側を捉える。このときはインパクトのタイミングに合わせて瞬時に力を入れ、ラケットを止めるイメージを持っておこう。瞬間的に力を込めてラケットの動きを瞬時に止めることで、回転数を多くすると同時に、ボールを短く返すことができる。

台の上で2バウンドする長さをイメージし、その長さ（短さ）で返せるようにしよう。

アドバイス

ストップは浮かないように注意

横下回転サービスに対するストップに限ったことではなく、ストップ全般の注意点として、『低く短く』を意識することが重要だ。短いボールを返したはいいが、ボールが浮いてしまうと、相手に台の中でスマッシュを打たれてしまうからだ。

技術的な問題でボールを浮かせてしまう場合を除き、ボールが浮いてしまう原因のひとつに、サービスの回転の読み間違いが挙げられる。適切な面を作らずボールを浮かしてしまうことがないよう、注意しておくことが重要だ。

Point 1

Point 1

流れ

No.26
左横上回転サービスに対するレシーブ
フリック

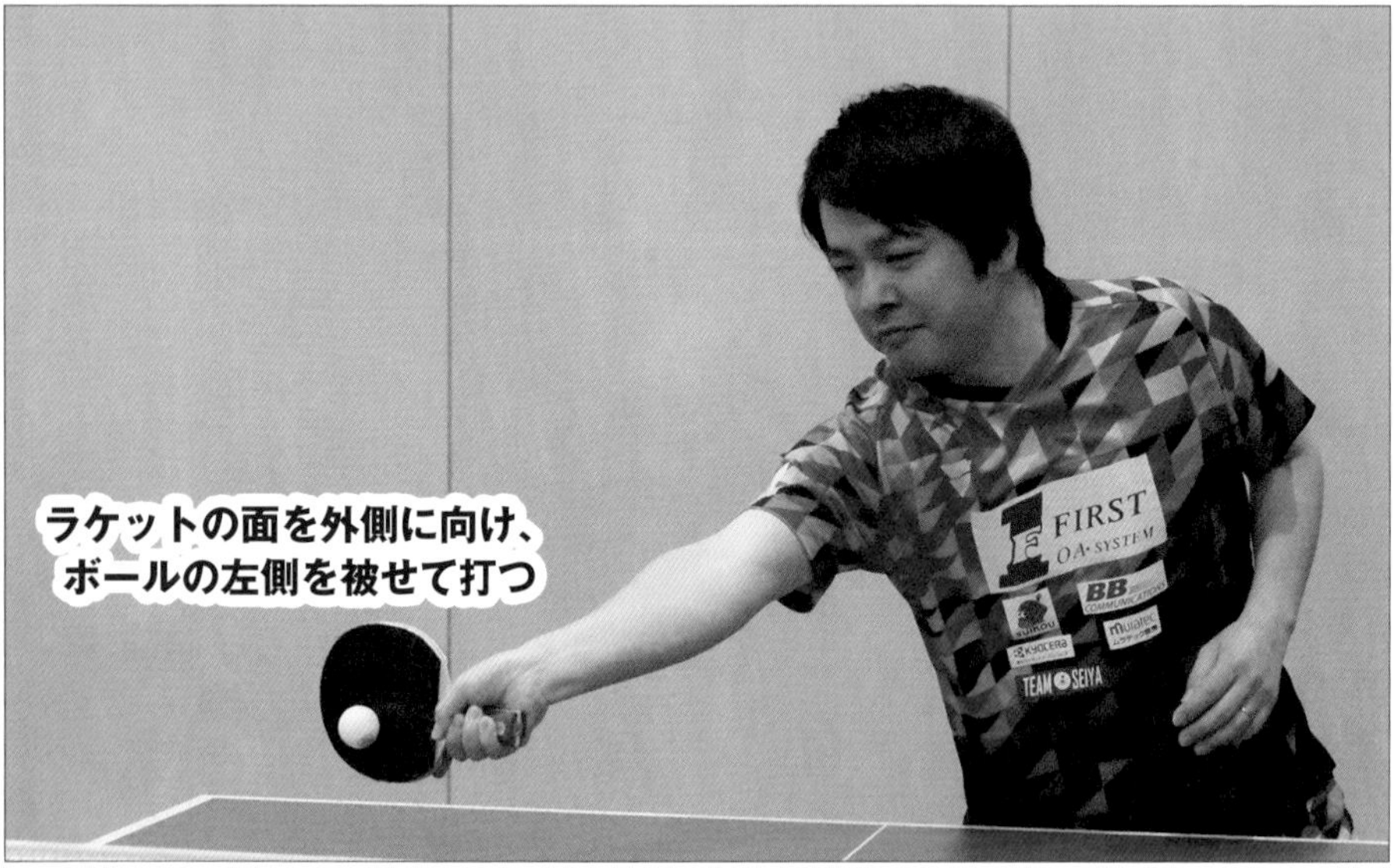
ラケットの面を外側に向け、
ボールの左側を被せて打つ

左横上回転サービスには、面を外側に向け、ラケットを被せて打つ

左横上回転サービスに対しては、フリックでレシーブするのが効果的だ。これまで解説してきたレシーブ同様、まずはボールの位置に体を動かし、右足を一歩前に出してボールに近づくことは、変わらず重要だ。その上でラケットは面を外側に向け、ボールに対して斜めに当たるような角度の面を作ろう。

ボールは上回転も含んでいるため、インパクトの瞬間にラケットを被せ、ボールが上に逸れるのを押さえつつ台に収める意識を持って打つことが重要だ。

左回転系のサービスは、苦手意識を持っている選手が多いかもしれない。しかし克服しなければ勝ち進むのは難しいので、しっかり練習を重ねておこう。

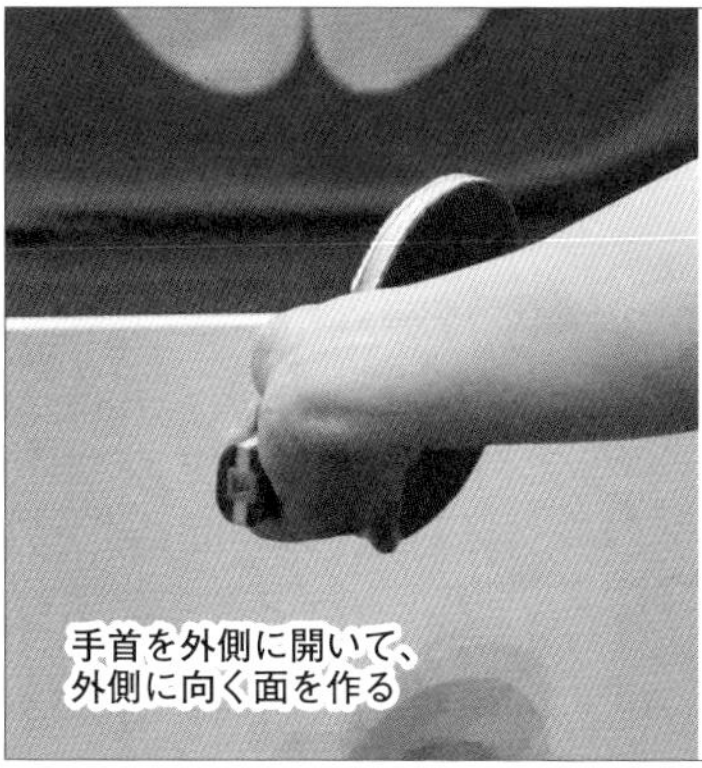

手首を外側に開いて、外側に向く面を作る

Point 1
ボールに近づき、外側に向く面を作る

これまで解説してきた他のレシーブ同様、まずはボールの位置に体を移動させ、右足を一歩前に出してボールに近づきながら打つことが重要だ。

その上で、横回転サービスに対してはラケットを内側に向けて面を作ったが、ここでは左横上回転なので、写真のようにラケットの面を外側に向け、ボールに対して斜めに当たるような角度を作ることが大切だ。上下に対する面の向きは、あまり意識しなくていい。

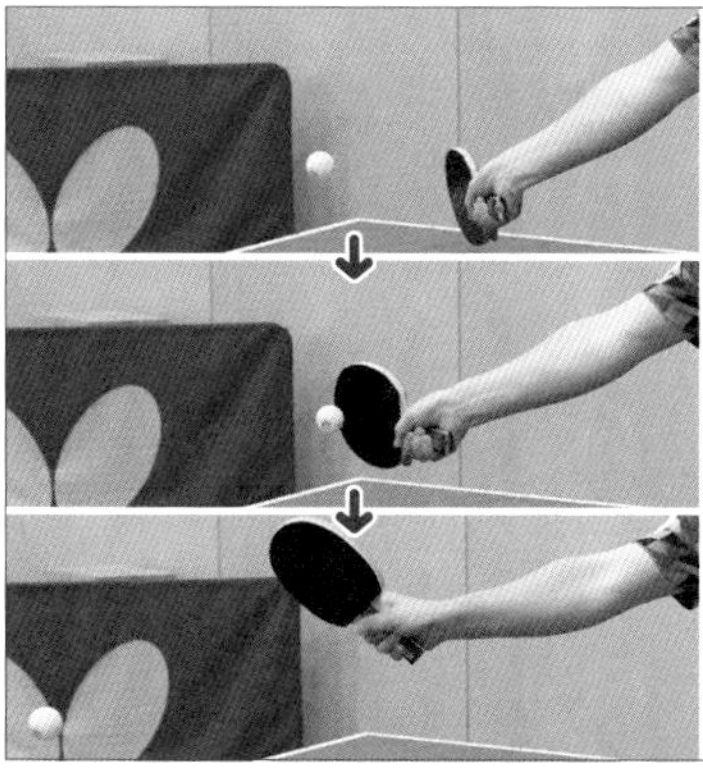

Point 2
ボールの左側をラケットを被せて打つ

Point1ではボールに対して斜めに当たるような角度で外側を向く面を作ったが、その角度を保ったまま、ボールを打つときは、ボールの左側を捉えよう。イメージとしては、斜め45度近辺だ。

さらには、インパクトの瞬間、ラケットを被せるようなイメージで、ボールを浮かさず台に収めよう。ボールは上回転も含んでいるため、ラケットを被せずに打ってしまうと、上に逸れていってしまうからだ。

アドバイス
対左のレシーブは難しい

右利きの選手であれば、一般的に右利きのサーブは対処しやすいといわれている。左利きの選手に比べ対戦経験も多く、さらには基本的に横回転は右回転になるからだ。

対して、左利きの選手が相手となった場合、対戦経験も多くはなく、さらに左利きの選手にとって基本的に横回転は左回転となるため、対処しにくくなる傾向にある。

しかし、苦手意識を抱いたままでは、試合で勝ち進むのは難しい。しっかりと練習し、苦手意識を克服しておくことも重要だ。

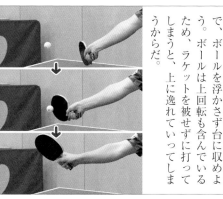

Point 1

Point 1

流れ

No.27
左横下回転サービスに対するレシーブ
ツッツキ

面を外側かつ上に向けて、
ボールの左下を捉える

左横下回転サービスには、面を外側かつ上に向け、台の深い位置を狙う

左横下回転サービスに対しては、ツッツキでレシーブするのが効果的だ。これまで解説してきたレシーブ同様、まずはボールの位置に体を動かし、右足を一歩前に出してボールに近づくことは、変わらず重要だ。その上でラケットは面を外側に向け、ボールに対して斜めに当たるような角度の面を作ろう。さらに、面を上に向かせておく。

ボールは下回転も含んでいるため、ボールを打つ際は腕を伸ばしてラケットに長く当てるようなイメージで、面の角度を保ったまま、打ちたい方向にラケットを前に出していく。これまで再三触れてきたとおり、ツッツキなので、相手の台の深い位置を狙おう。

Point 2
Point 2
Point 1

Point 1 ボールに近づき、外側かつ上に向く面を作る

ラケットの面を
外側かつ上に向ける

前項でも触れたが、レシーブ時には、まずはボールの位置に体を移動させ、右足を一歩前に出してボールに近づきながら打つことが重要だ。ここでは左横下回転に対するレシーブなので、写真のようにラケットの面を外側に向け、ボールに対して斜めに当たるような角度を作ることが大切だ。左横上回転に対するフリックでは、上下に対する面の向きは意識しなくてもよかったが、下回転の場合はラケット面を上に向けておこう。

Point 2 ボールの左側をラケットを前に出して打つ

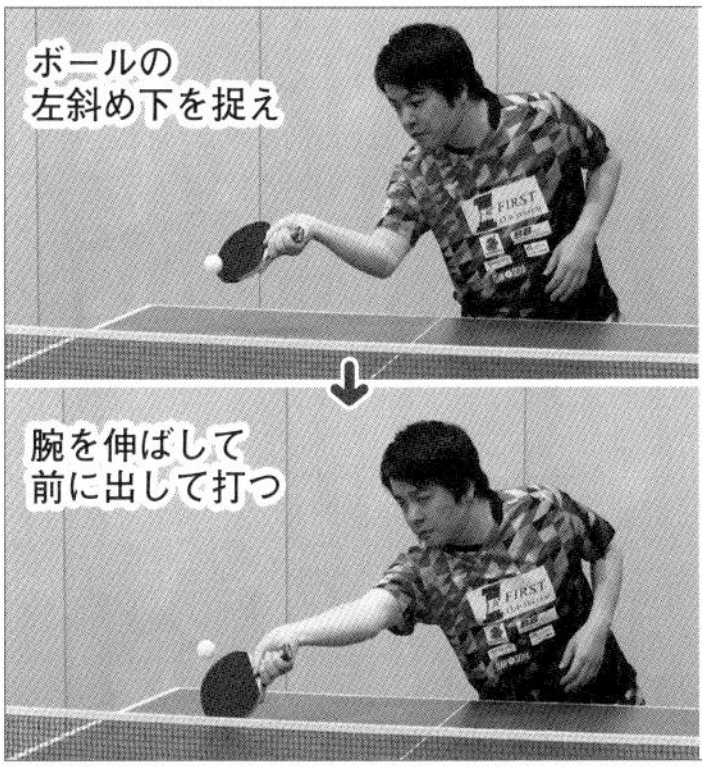
ボールの
左斜め下を捉え
腕を伸ばして
前に出して打つ

Ｐｏｉｎｔ１では外側かつ上を向く角度の面を作ったが、ボールを打つときは、その角度を保ったまま、打ちたい方向にラケットを出すようなイメージでボールを打とう。ラケットの角度は保ったままなので、当然、ボールの左側かつ下を捉えることになる。

ツッツキでのレシーブなので、相手の台の深い位置を狙おう。そのためにも、腕を伸ばしてラケットを前に出し、長く当てるイメージで打つことが重要だ。

アドバイス レシーブの注意点を再確認する

レシーブで大切なのは、次の2つだ。

①打球するまでの手首の作り

②回転を見極めた、相応しいラケットの形（角度）の作り

①は、例えばツッツキなら、ラケットの面を上に向ける手首の作りが必要になる。

②は、例えば横回転に対しては、面が内側を向くラケットの形（角度）が相応しく、またその角度が重要になる。

この2つで、レシーブの成否がほぼ決まってしまう。つまり、打球する前が非常に重要である、ということだ。

Column3 レシーブ時のフェイント

逆モーションレシーブ

卓球の試合において、レシーブ時に素直に返してばかりいると、相手にコースを読まれてしまう。相手をかく乱しラリーを優位に進めるためにも、逆モーションを入れるなどして、レシーブしてみよう。

ここでは2種類の逆モーションレシーブを紹介する。

●内から外への逆モーション

バックスイングからボールを打つ直前まで、ラケットの面を内側（左側）に向けて左側のコースに打つよう見せかけ、打つ瞬間に外側（右側）に開いて右側のコースに変える。

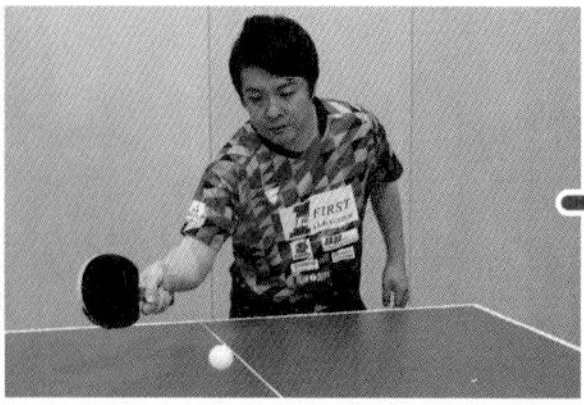

面を内側（左側）に向けて打ちに行くよう見せかける

ボールが当たる瞬間に面を外側（右側）に開いて打つ

左側のコースに打つと見せかけ、実際には右側のコースに打つ

●外から内への逆モーション

バックスイングからボールを打つ直前まで、ラケットの面を外側（右側）に向けて右側のコースに打つよう見せかけ、打つ瞬間に内側（左側）に閉じて左側のコースに変える。

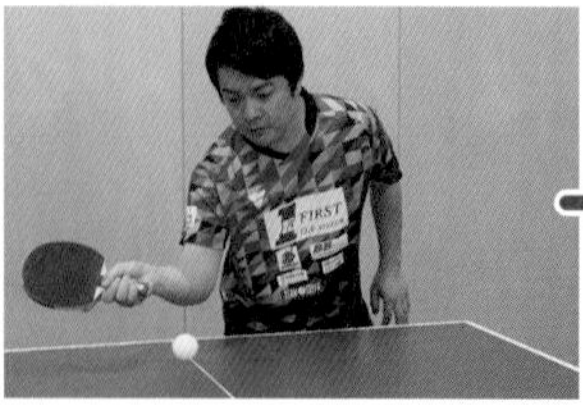

面を外側（右側）に向けて打ちに行くよう見せかける

ボールが当たる瞬間に面を内側（左側）に閉じて打つ

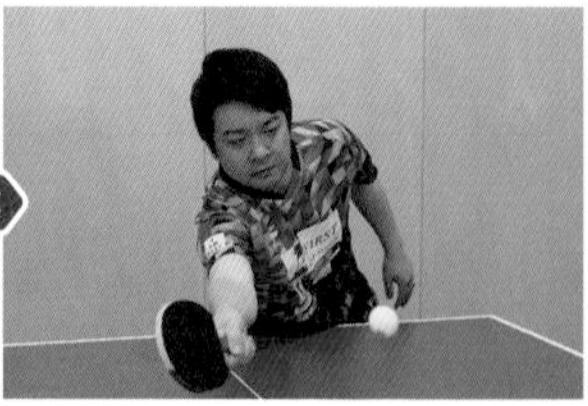

右側のコースに打つと見せかけ、実際には左側のコースに打つ

第四章

攻撃と守備における回転

ラリーにおいては、攻撃する側である場合と、逆に守備に回る場合がある。ここでは、攻撃時における各種ドライブの正しい打ち方と、守備に回った場合の基本的な返し方の技術について解説していく。

Point 2

Point 1

流れ

No.28
攻撃における回転
対上回転に対するフォアハンドドライブ

バックスイングを取って、
ボールの上側を強く打つ

上回転のボールをフォアハンドドライブで返すには、バックスイングを取ってボールの上を強く打つ

試合でラリーになった時、いちばん多く使われる技術が上回転のボールに対するフォアハンドドライブだ。

ラリー時は両足を肩幅よりも広めに開き、右利きの選手であれば左足を右足よりも少し前に出して構えるのが基本だ。こうすることで、重心移動がしやすく、踏ん張りも利く。この足の形を土台とし、フォアハンドドライブであれば、ラケットを下げすぎないように注意しながら、腰を右に捻ってバックスイングを取り、ボールの上やや後方を強く打とう。

試合でいちばん多く使われる打ち方である以上、フォアハンドドライブの技術が向上するほど、試合で勝てる可能性も高くなる。

Point 3

Point 1 足を肩幅より開き左足をやや前に出す

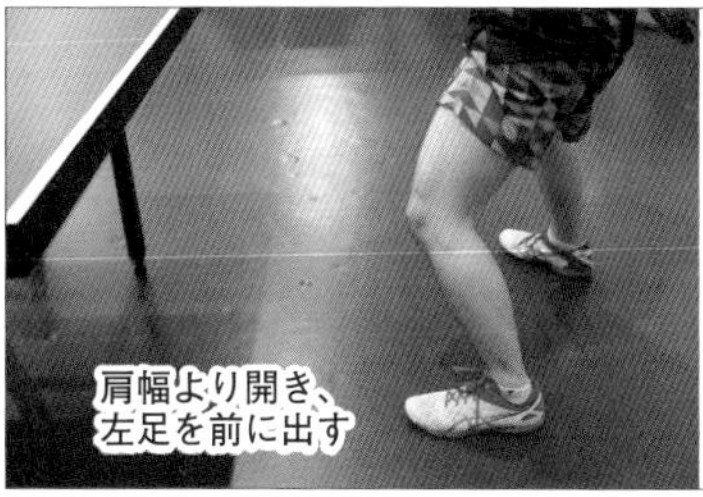
肩幅より開き、左足を前に出す

ラリーの展開になったら、足は肩幅より広めに開き、右利きの選手であれば左足を右足よりも少し前に出して対応しよう。

このような形を作っておくことで、重心移動がしやすく、踏ん張りも利くようになる。また、腰を回しやすくなるため、強い打球が打てる。

Point 2 腰を右に捻りバックスイングを取る

腰を捻ってバックスイングを取る

フォアハンドドライブで攻撃する際は、Point1で解説した足の形を土台とし、腰を右に捻ってしっかりとバックスイングを取ろう。こうすることで、強いボールを打てる。

また、バックスイングを取る際、ラケットを下げすぎないように注意しておこう。

Point 3 ボールの上やや後方を強く振り抜く

ボールの上やや後方を強く打つ

上回転のボールは、ラケットに当たると上方向に弾む性質を持つ。そこで上回転に対してフォアハンドドライブで返す際は、ボールの上、かつやや後方を打とう。

ラケットの面を下に向け、やや前に開くようなイメージで、ボールの上を強く振り抜く。

アドバイス

試合で多く使うフォアハンドドライブ

アマチュアであろうとトッププロであろうと、卓球の試合においていちばん多く使われるテクニック、打ち方が、上回転に対するフォアハンドドライブだ。バックハンドドライブも用いるが、対応できる範囲がフォアハンドに比べ狭くなるので、どうしてもフォアハンドドライブで返す比率が高くなる。

つまり、このフォアハンドドライブを得意とする選手ほど、試合では勝てる確率が高くなるといえる。しっかり練習して、強く正確に打てる技術を身に付けておこう。

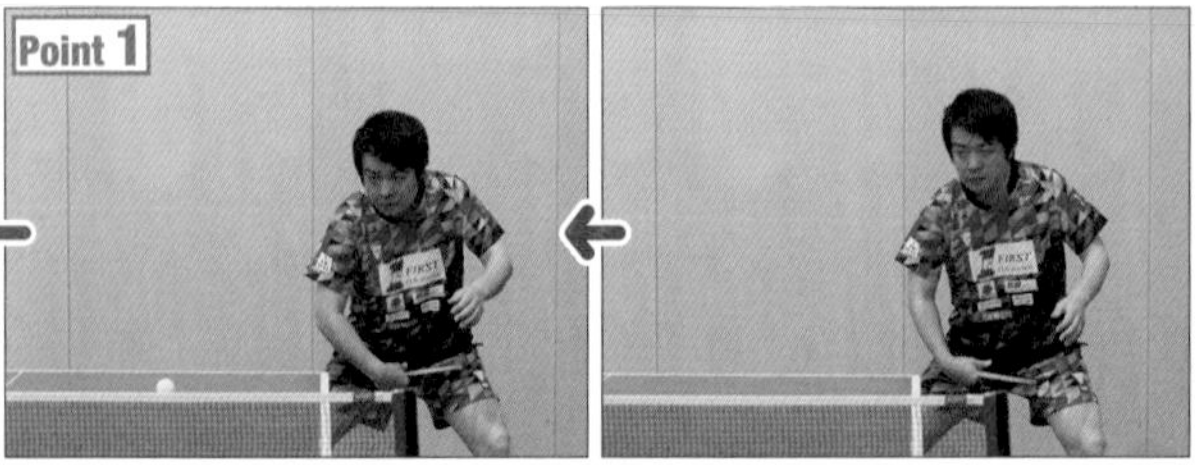
Point 1

流れ

No.29

攻撃における回転
対上回転に対する
バックハンドドライブ

手首を返して
ボールの上を擦る

上回転のボールをバックハンドドライブで返すには、手首を曲げ、手首を返しボールの上を擦るように打つ

前項ではラリー時におけるフォアハンドドライブを解説したが、ここではラリー時の上回転に対するバックハンドドライブを解説していこう。

基本である足の構え方、両足を肩幅よりも広めに開き、右利きの選手であれば左足を右足よりも少し前に出して構えるのは変わらない。こうすることで、重心移動がしやすく、踏ん張りも利く。この足の形を土台とし、バックハンドドライブであれば、手首を内側に曲げてバックスイングを取ろう。このときはラケットを下げすぎないように注意しておく。そして、手首を返して手首でボールの上を擦るようなイメージで打つといい。

Point 1
Point 2
Point 1

Point 1
手首を曲げてバックスイングを取り手首を返して打つ

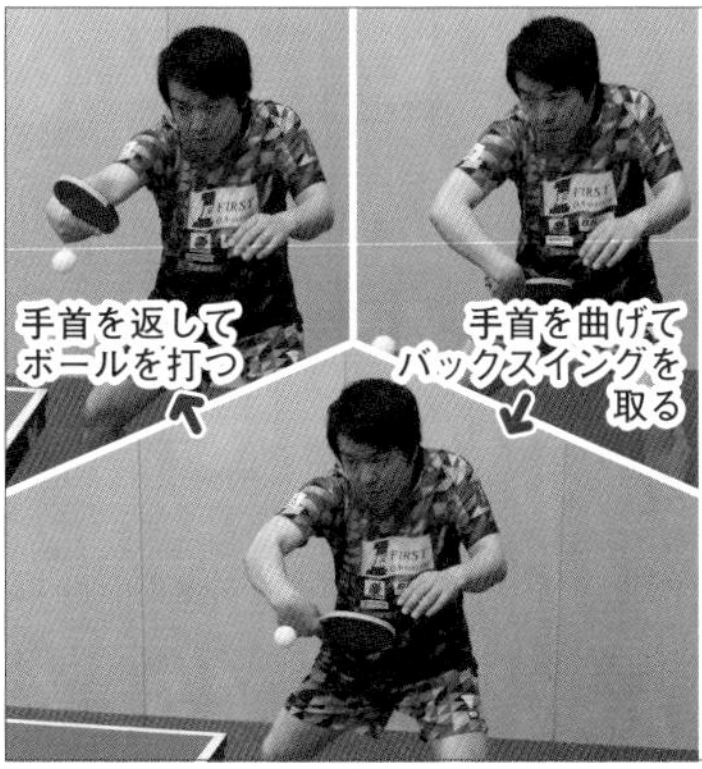
手首を返して
ボールを打つ
手首を曲げて
バックスイングを
取る

前項のPoint1では、ラリーになったら足を肩幅より広めに開き、左足を右足よりも少し前に出して構えると解説した。この足の作り方は、フォアハンドドライブだけでなく、バックハンドドライブでも共通している。

バックハンドドライブの場合は、手首を内側に曲げてバックスイングを取り、手首を返してボールを打とう。このとき、ラケットを下げすぎないように注意しておくことが重要だ。

Point 2
ボールの上やや後方を擦るように打つ

手首を返しながら、
ボールの上
やや後方を擦る

前項で解説したとおり、上回転のボールは、ラケットに当たると上方向に弾む性質を持つ。そこで上回転に対してバックハンドドライブで返す際は、ボールの上、かつやや後方を打とう。

Point1で触れたとおり、ラケットの面を下に向けて手首を曲げてバックスイングを取り、手首を返しながら手首でボールの上を擦るようなイメージで打つといい。フォアハンドドライブほど強くは打てないが、速い対応が可能だ。

アドバイス
フォアハンドとバックハンドの違い

前項のフォアハンドドライブに続き、ここではバックハンドドライブを解説したが、それぞれの特徴を整理してみよう。フォアハンドドライブは対応できる範囲が広く、体全体を使ってしっかりボールを打てるため、強い打球で返せるのが特徴だ。対してバックハンドドライブは、対応できる範囲は狭い。その代わり、手首の操作だけでボールが打てるため、動きそのものが小さく素早く対応できるのが特徴となる。

これらを理解し、どちらでも返せる技術を身に付けておこう。

Point 1

流れ

No.30

攻撃における回転

対下回転に対する
フォアハンドドライブ

体全体を使い、ボールを
持ち上げるように打つ

下回転のボールをフォアハンドドライブで返すには、体全体を使ってボールを持ち上げるように打つ

ラリー時において、決して使用頻度が高いわけではないが、下回転のボールに対してフォアハンドドライブで返すこともある。

これまで解説してきた打ち方同様、下回転に対するフォアハンドドライブも、両足を肩幅よりも広めに開き、右利きの選手であれば左足を右足よりも少し前に出して構えるのが基本だ。この足の形を土台とし、下回転に対してはボールを上げる必要があるので、膝を曲げて重心を落としてから、ラケットだけでなく体全体を使ってボールを持ち上げるイメージで、ボールの後ろ側を打とう。これで下回転のボールに対して上手く返せるようになれば、以降のラリーを有利に進められるようになる。

Point 1
膝を曲げて重心を落とす

前項のPoint1では、ラリーになったら足を肩幅より広めに開き、左足を右足よりも少し前に出して構えると解説した。この足の作り方は、下回転に対するフォアハンドドライブでも共通している。

下回転のボールに対するフォアハンドドライブの場合は、ボールに強い回転をかける必要があるため、この足の作りから膝を深く曲げて重心をしっかり落とし、さらにはラケットの位置も写真のように下げておこう。

膝を深く曲げ、ラケットも下げる

Point 2
ボールの後ろ側を体全体で上げるように

下回転のボールは、ラケットに当たると下方向に弾む性質を持っている。そこで下回転のボールに対してフォアハンドドライブで返す際は、ボールの後ろ側を打とう。

Point1で膝を曲げて重心を落とした体勢から、ラケットだけでなく体全体で反動を使いながら、下に落ちようとするボールを上げていくようなイメージだ。このときは、ボールを上げるだけでなく、体全体でボールを擦り上げ、回転を与える意識も持とう。

体全体を使ってボールを擦り上げる

アドバイス
使用頻度は低いが大切な技術でもある

ラリーにおいて下回転のボールというのは、相手がよほどのカットマンタイプの選手でもなければ、そう多くあるわけではない。基本的に、ラリーは上回転のボールでの応酬になるからだ。

それでも下回転に対するドライブが大切になるのは、下回転で返してくる相手に対して、ラリーを有利に進めるためだ。そのための技術といっていい。いま触れたとおり、使用頻度は低いが、下回転にしっかり対応できることで、試合に勝てる確率は格段に上がる技術であると覚えておこう。

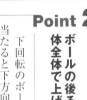

Point 1

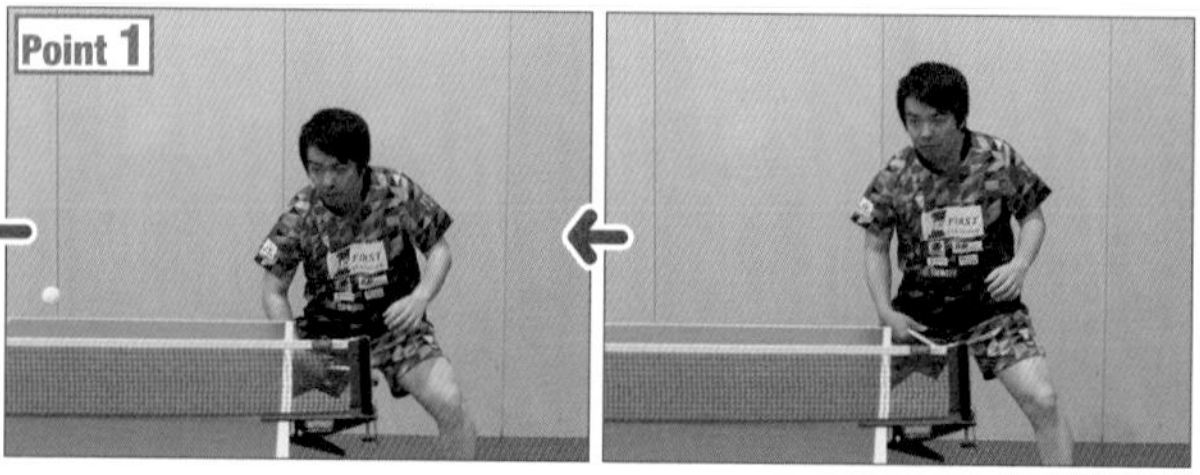

流れ

No.31
攻撃における回転
対下回転に対する
バックハンドドライブ

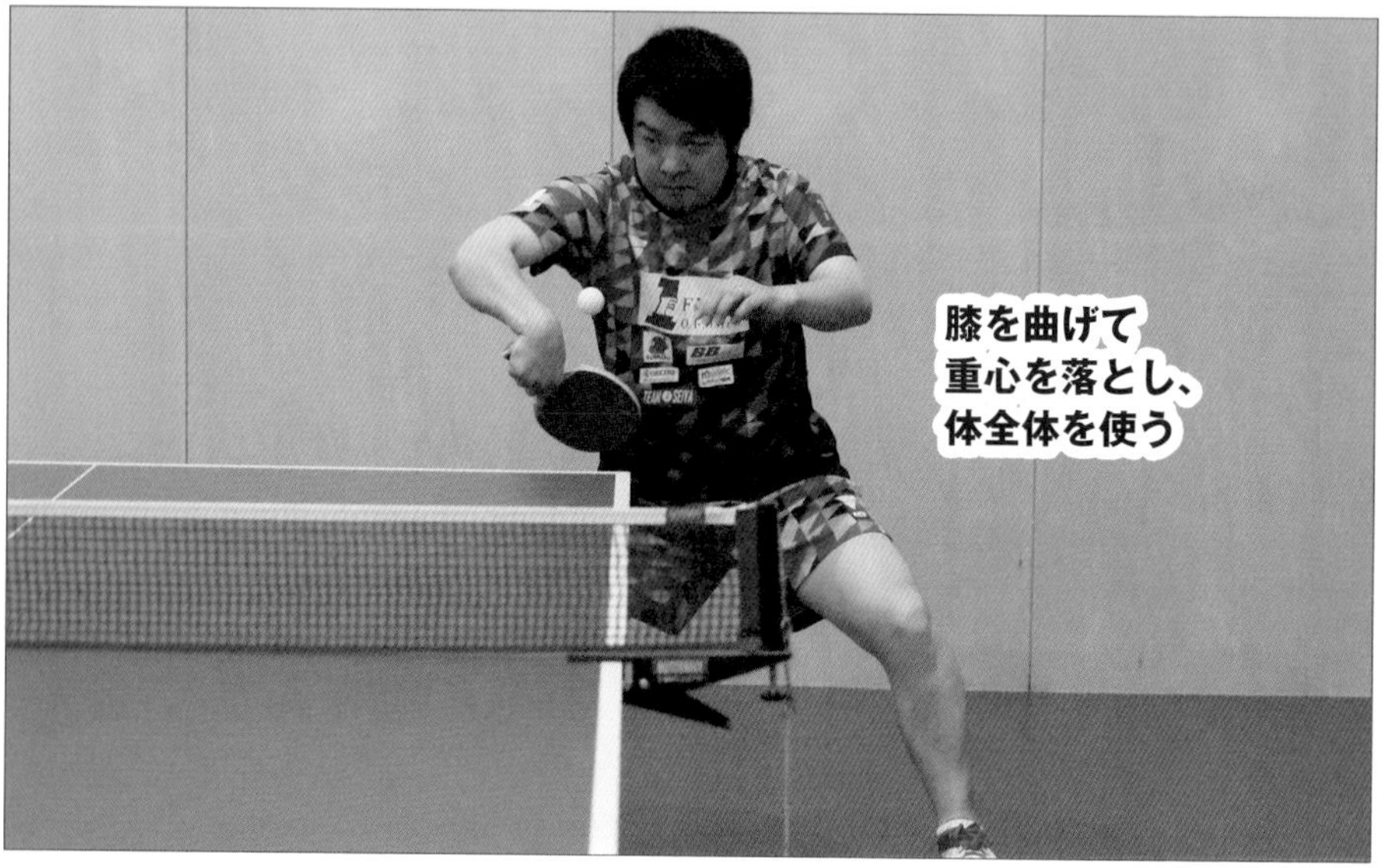

下回転のボールをバックハンドドライブで返すには、ラケットを下げ、タメと手首を使って大きく打つ

前項ではラリー時における下回転に対するフォアハンドドライブを解説したが、ここではバックハンドドライブを解説していこう。

基本である足の構え方、両足を肩幅よりも広めに開き、右利きの選手であれば左足を右足よりも少し前に出して構えるのは変わらない。この体勢から、フォアハンドほど体全体を使えないので、その分を補う意味でもバックハンドドライブであれば、ラケットを台の下ほどまで下げることでタメを作り、スイングそのものも大きくしてボールにした回転をかけながら上げるイメージで打つことが重要だ。ボールを打つ際は手首も使ってボールに回転をかけよう。

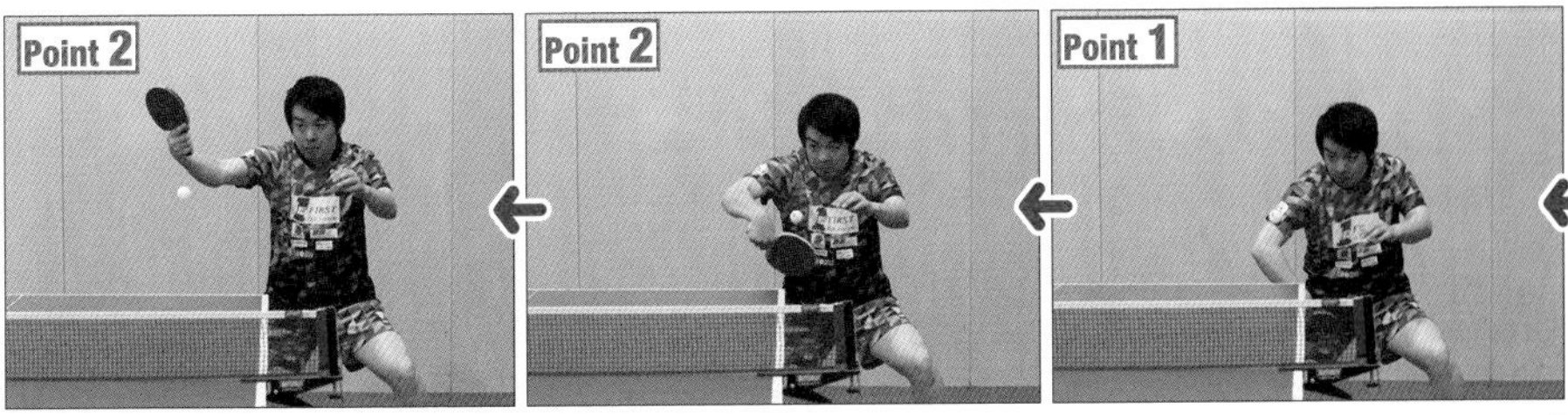

Point 1 膝を曲げて重心を落とす

前項同様、ラリーになったら足を肩幅より広めに開き、左足を右足よりも少し前に出して構えよう。この足の作り方は、下回転に対するバックハンドドライブでも共通している。

下回転のボールに対するバックハンドドライブの場合、フォアハンドドライブほどは膝を曲げて体全体を使うことができないので、ラケットを台の下ほどまで下げることでバックスイングを取り、タメを作ることを心がけよう。

膝を曲げながら、ラケットも台の下まで下げる

Point 2 タメと大きなスイングで手首を使ってボールを上げる

ボールを打つ際は、Point 1でバックスイングを取ってタメを作った状態から、膝のバネを使いながら、同時にスイングを大きめにするよう意識して、下回転に負けない回転をかけるようなイメージで打つのが望ましい。

さらに、下回転に対してバックハンドドライブで返す際は、写真のようにボールの後ろを打つことが重要だ。このときは手首を使って回転をかけるイメージを持っておくといい。

大きなスイングを意識する

アドバイス

確かな3球目攻撃でラリーを優位に進める

下回転に対してバックハンドドライブで返すシチュエーションは、自分がサーブを出した後の3球目攻撃である場合がほとんどだ。サーブに対してバックを狙われるような厳しいレシーブを返される状況で、もしフォアで応じてしまうと、その後のラリーを不利な状態で進めることになってしまう。

せっかくのサービスでラリーを優位に進めるには、仮にこのような厳しいレシーブであったとしても、しっかりとバックで返せる必要があるので、しっかり練習しておこう。

Point 1

流れ

No.32
守備における回転
フォアハンドブロック

ボールのコースに
ラケットを固定し、
相手のボールの勢いを
利用する

フォアハンドブロックは、体を移動させ、力を抜きラケットを固定させてスピードを利用する

卓球は、ラリー時に攻めたり攻められたりを繰り返しながら、試合が進んでいくものだ。基本的に卓球は攻めている側が有利だが、一方的に攻め続けるというのは、まずあり得ないことであり、守備の技術も必要不可欠だ。そこで、ここではフォアハンドブロックについて解説していく。

これまで解説してきた打ち方同様、フォアハンドブロックも、両足を肩幅よりも広めに開き、右利きの選手であれば左足を右足よりも少し前に出して構えるのが基本だ。そしてボールが来る位置に体を移動させ、コースのライン上にラケットを台の上で固定し、相手のボールの勢いを利用して返せばいい。

Point 2
Point 2

Point 1
力を抜き、ボールのコース上にラケットをキープする

ボールのコースに
ラケットを固定

ラリー時、ブロックで守る際は、ドライブで攻める時と同様、足を肩幅より広めに開き、左足を右足よりも少し前に出して構えておこう。そして、ボールのコースに体を移動させてから、打球の勢いを吸収させるため、リラックスして体の力を抜いておく。また、ラケットを下げすぎないように注意しながら、コースのライン上にラケットをキープさせよう。ラケットの角度は、写真のように少し閉じておくのが望ましい。

Point 2
ラケットを固定してボールの勢いを利用する

ラケットは
振らずにキープ

ブロックの場合は、ボールを打つといっても、ラケットは振らないので注意しておこう。コースのライン上にキープしたラケットは、固定して動かさず、相手のボールの勢いを利用して、壁に当てて跳ね返すようなイメージだ。

しっかりとした基本技術が身に付いていない状態でラケットを動かして打球を操作しようとしてしまうと、打球が安定せず、しっかりと返せなくなってしまうので注意が必要だ。

アドバイス
攻めに転じるための重要なブロック

卓球は、競技の性質上、攻めた方が圧倒的に有利といえる。しかし、よほどの力量差でもない限り、一方的に攻め続ける、あるいは攻められ続けるということはあり得ず、攻めたり攻められたたを繰り返すものだ。

であればこそ、攻められる側になったとき、いかに我慢できるか、凌いで自分が攻める側になるまで我慢できるかが重要になってくる。そういった意味で、ブロックは非常に重要な守備の技術といえる。ブロックを苦手にしたままでは、試合で勝つのは難しい。

No.33
守備における回転
バックハンドブロック

Point 1

流れ

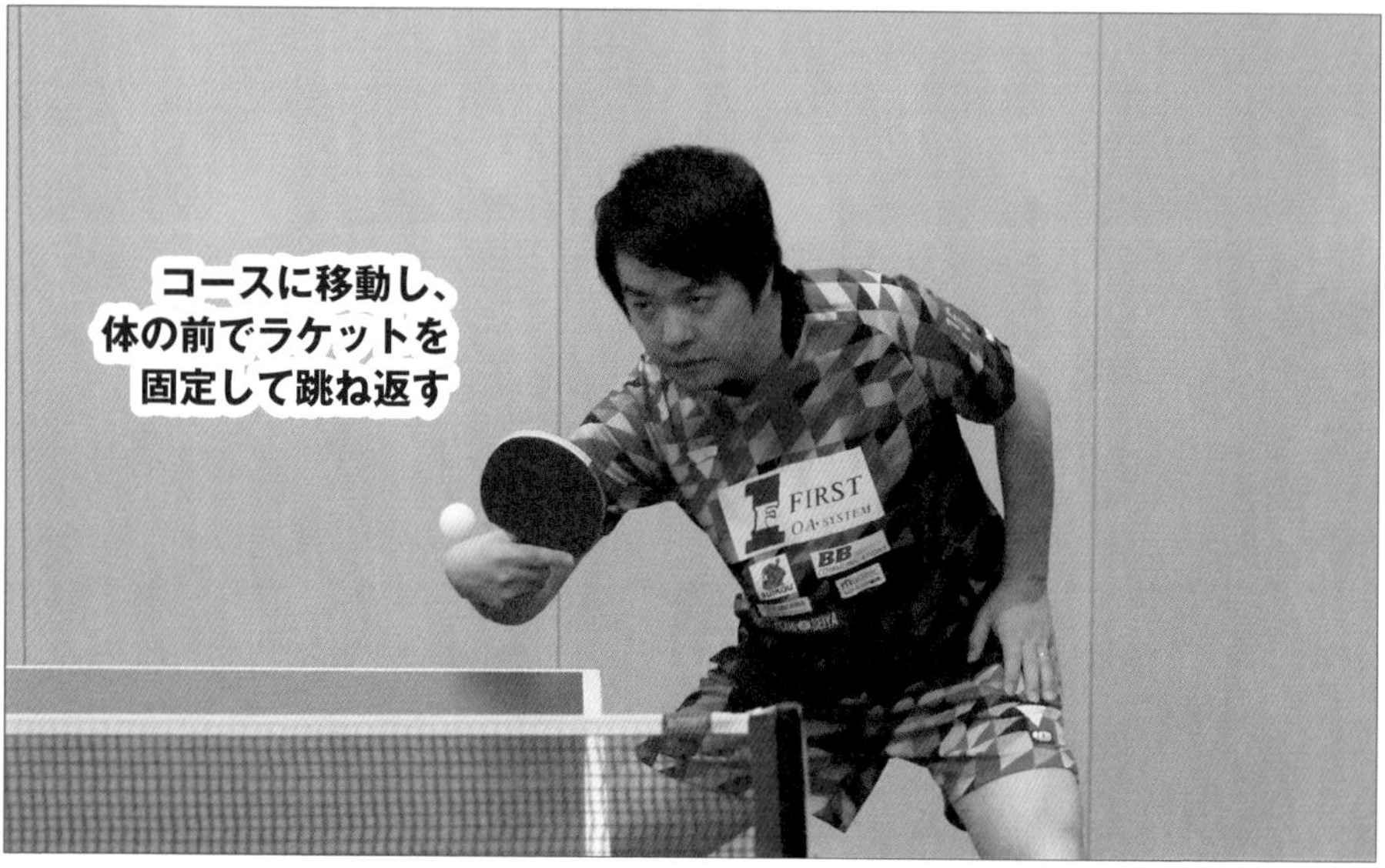
コースに移動し、
体の前でラケットを
固定して跳ね返す

バックハンドブロックは、体を移動させ、体の中心でラケットを固定させてスピードを利用する

前項ではフォアハンドブロックを解説したが、ここではバックハンドブロックを解説する。バックハンドブロックも、フォアハンドブロック同様、両足を肩幅よりも広めに開き、右利きの選手であれば左足を右足よりも少し前に出して構えるのが基本。体の力は抜き、リラックスさせておく。

そしてボールが来る位置に体を移動させることが重要になる。バックハンドでは腕の操作でラケットの位置を調整することができない分、必ず体の前でブロックできるよう、しっかりとコースの中心に体を移動させることが重要だ。コースのライン上にラケットを台の上で固定し、相手のボールの勢いを利用して返せばいい。

Point 2
Point 2

Point 1 体をコースに移動させ体の前でラケットをキープする

コースに移動し、
体の前で
ラケットを固定

ブロックで守る際は、バックハンドであっても足を肩幅より広めに開き、左足を右足よりも少し前に出して構えておこう。そして、ボールのコースに体を移動させるが、腕の操作ができない分、フォアハンドのときよりも厳密に、必ずボールが体の前に来るような位置取りをすることが重要だ。

リラックスして体の力を抜き、コースのライン上にラケットをキープさせよう。ラケットの角度は、少し閉じておくのが望ましい。

Point 2 ラケットを固定してボールの勢いを利用する

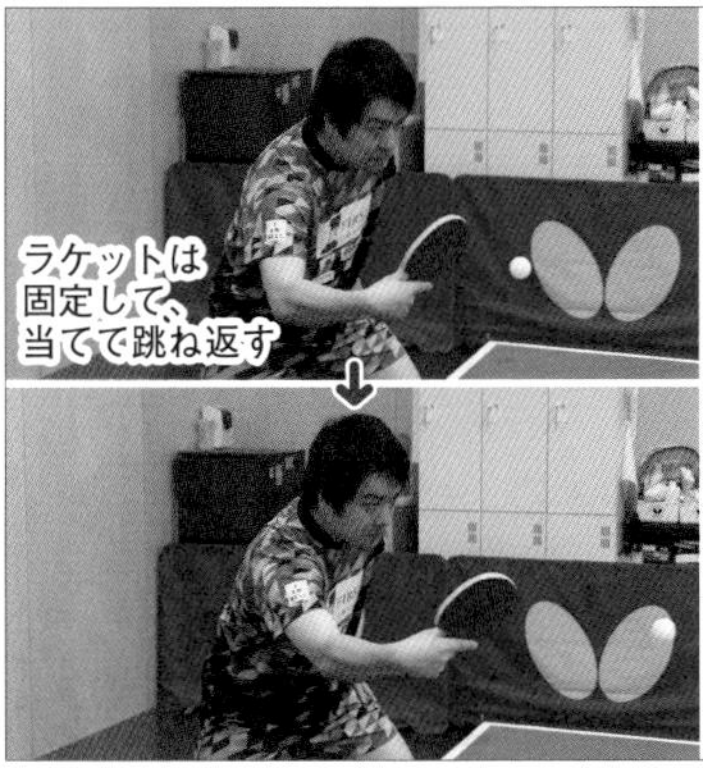
ラケットは
固定して、
当てて跳ね返す

ボールを打つ際、バックハンドは手首を使うことが多いが、ブロックに関しては、手首は使わず、必ず固定しておこう。固定せず手首で操作しようとしてしまうと、返すボールが安定しなくなる。

また、前項のフォアハンドブロック同様、ラケットは振らずにコースのライン上で固定して動かさないよう注意しておこう。相手のボールの勢いを利用して、壁に当てて跳ね返すようなイメージを持っておくといい。

アドバイス

固定は基本 ステップアップも

ブロックは、フォアハンドに比べてバックハンドの方が利用頻度が高い。フォアであれば、ドライブで打ち返せる可能性が高くなるからだ。攻められているときにしっかり守れるよう、ブロックの技術を高めておこう。

また、ここラケットは動かさず固定すると解説したが、これはあくまで基本技術。しっかりとした技術が身に付いてくれれば、ステップアップとして、固定せずボールが当たる瞬間に押して、攻めるカウンターブロックといった攻めの姿勢を見せることもできる。

No.34

守備における回転
バックハンドのサイドスピンブロック右回転

流れ

Point 1

ラケットを立てた
状態から、
左斜め前に出して打つ

右回転のサイドスピンブロックは、ラケットを立てる形を作り、左斜め前にしっかりとラケットを出す

ラリーで相手に優位に攻められ、守勢に回っている状態のとき、ブロックで返すというのは、よくあることだ。ほとんどの選手は、ブロックを行うとき、単なるブロックを行っているのではないだろうか。

　しかし、ブロックでサイドスピンをかけることができたら、相手は動揺し、瞬時に状況を一変させ、攻撃に回ることも可能となる。サイドスピンブロックを行うには、ラケットを立てた形を作り、左斜め前にラケットを出していく。非常に難しい技術だが、だからといって中途半端に出してしまうと、しっかりとした回転を加えることができないので、強くしっかりと振ることを心がけたい。

Point 2
Point 2
Point 2

Point 1
ラケットの面を外側に向け立てる形を作る

ラケットを立てた状態

ラケットが立っていない状態

サイドスピンブロックで右回転をかけるときは、ラケットを立てる手首の形を作ることが重要だ。上の写真のように手首を立てた状態で、ラケットの面を外側に向け、ボールの横、やや左側を捉える準備をしておく。

やってしまいがちな悪い例としては、下の写真のようにラケットを立てず、先端が前を向くような形になってしまうこと。これではしっかりとしたサイドスピンをかけたブロックができなくなる。

Point 2
ラケットを左斜め前に出してサイドスピンをかける

ラケットを斜め前に出して打つ

ブロックするだけであれば、ラケットを大きく動かすことはないが、サイドスピンをかけるので、Point1で立てる形を作ったラケットを、左斜め前に出しながらブロックしよう。この動きを入れることで、相手の回転を殺し、さらにサイドスピンをボールに与えることができる。

ただし、中途半端に出してしまうと、しっかりとした回転が加わらないので、しっかりとラケットを出すことが重要だ。

アドバイス
流れを瞬時に激変させる技術

サイドスピンブロックは、この技自体を行える選手が少なく、試合で使う選手となると、さらに少なくなるのが現状だ。それだけ難しい技術なのだが、止めるだけのブロックではなく、サイドスピンがかけられれば、相手はほぼ確実に戸惑うので、反撃するチャンスが生まれる。実践できる選手が少ないので、なおさらだ。

相手を戸惑わせ、ラリーの流れやテンポを瞬時に激変させることができるので、一朝一夕に覚えられるような技術ではないが、ぜひチャレンジしよう。

No.35

守備における回転
バックハンドのサイドスピンブロック左回転

流れ

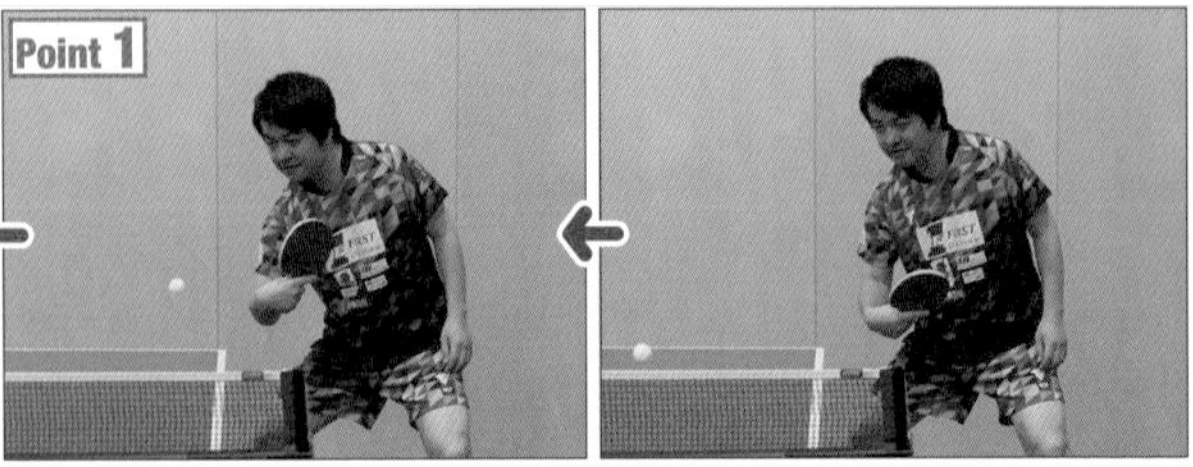
Point 1

ラケットを立てた形を作り、
瞬時に力を入れて切る

左回転のサイドスピンブロックは、ラケットを立てる形を作り、瞬時に力を入れてボールを切る

No.34では基本的なバックハンドのサイドスピンブロックを解説したが、ここでは左回転を解説していく。

右回転のサイドスピンブロック同様、左回転をかけるときも、ラケットを立てる形を作ることが重要だ。ただし、面は内側に向けておく。正しく立てないと十分なスピンがかからないので注意しておこう。さらには、ボールが当たる瞬間、ボール切るようなイメージで瞬時に力を入れて、相手の縦回転から自分の回転に変えてしまおう。こうすることでボールはゆっくり飛んでいくため、回転とタイミングを瞬時に変えられ、相手のミスを誘うことにもつながる。非常に難しい技術だが、遊び感覚でチャレンジしてみよう。

Point 1 ラケットの面を内側に向け立てる形を作る

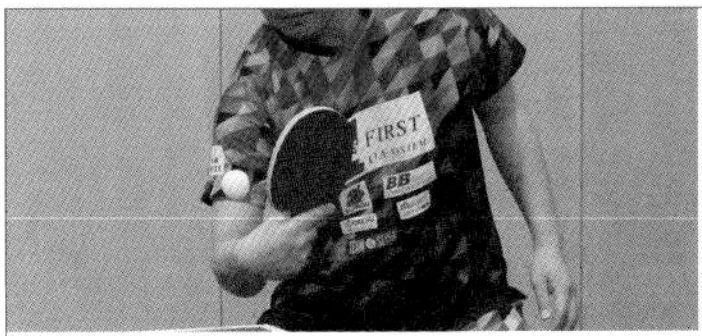
ラケットを立てた状態

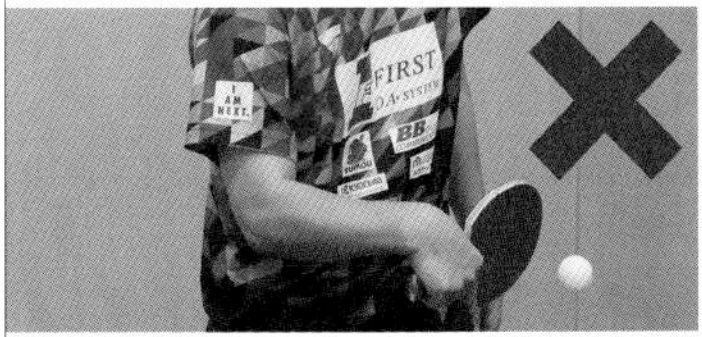
ラケットが立っていない状態

サイドスピンブロックで左回転をかけるときは、ラケットを立てる手首の形を作ることが重要だ。写真のように手首を内側に曲げ、面を内側に向けてラケットを立ててボールの横、やや外側を捉える準備をしておく。

ラケットの立て方が正しくできていないと、しっかりとしたサイドスピンをかけたブロックができなくなるので注意しよう。やりがちな間違ったラケットの立て方は、先端が横を向いてしまうことだ。

Point 2 瞬時に力を入れてボールを切り回転とタイミングを変える

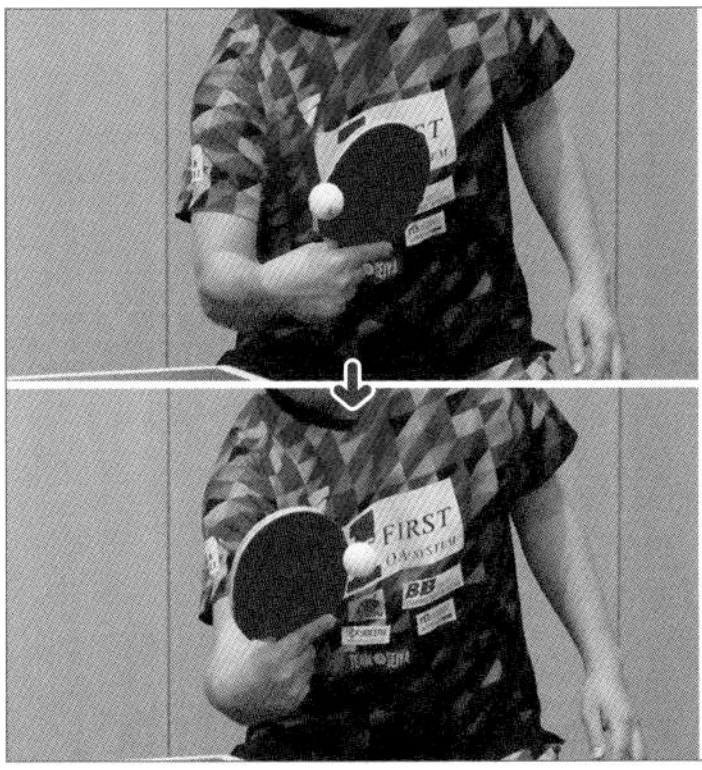

ラケットにボールが当たる瞬間に、力を入れよう。ごく短い距離を瞬時に力を加え、ボールを切るイメージだ。こうすることで相手が打ったボールの縦回転を殺し、瞬時に自分の回転（横下回転のスピン）に変えられる。

さらには、瞬間的にボールに力を加えることで、ゆっくりとしたボールを飛ばすことができるようになる。タイミングと回転が変わるため、相手の打ちミスを誘い、攻められる可能性が出てくる。

アドバイス

さまざまなブロックで試合を優位に進める

卓球には、さまざまなブロックの方法があるが、単に返すだけのブロックばかりになってしまうと、相手が戦いやすくなるだけだ。かつ、常にブロックするだけの守勢の状態を抜け出すのも難しくなる。

サイドスピンブロックを織り交ぜて使うことで、プレーの幅は広がり、相手は戦いにくくなるはずだ。非常に難しい技術であることは間違いないが、得点できるチャンスは確実に広がる。遊びながら身に付けるような感覚で、日々チャレンジしてみるといい。

Column4 ドライブ時のフェイント

逆モーションドライブ

卓球の試合において、レシーブだけでなくドライブを打つ際も素直に返してばかりいると、相手にコースを読まれてしまう。相手をかく乱しラリーを優位に進めるためにも、逆モーションを入れるなどして、ドライブを打ってみよう。

ここでは2種類の逆モーションドライブを紹介する。

●内から外への逆モーション

バックスイングからボールを打つ直前まで、手首を内側に曲げて左側のコースに打つよう見せかけ、打つ瞬間に戻して右側のコースに変える。

手首を内側に曲げて、左側に打ちに行くよう見せかける

ボールが当たる瞬間に手首を戻して右側に打つ

左側のコースに打つと見せかけ、実際には右側のコースに打つ

●外から内への逆モーション

バックスイングからボールを打つ直前まで、手首を曲げず右側のコースに打つよう見せかけ、打つ瞬間に手首を内側に曲げて左側のコースに変える。

手首を曲げず、右側に打ちに行くよう見せかける

ボールが当たる瞬間に手首を内側に曲げて左側に打つ

右側のコースに打つと見せかけ、実際には左側のコースに打つ

第五章

ワンランク上の実践的テクニック

国内のみならず、世界を舞台に数々の戦いを繰り広げ、輝かしい実績をあげてきた岸川氏。ここでは、基本技術をベースに、同氏が世界を相手に実践してきた独自のテクニックや考え方を解説していく。

Point 2

流れ

No.36
サービスの応用
右横下回転
ショート

トスの高さを変え、
質の異なるサービスを打つ

トスの高さを変えて、同じ右横下回転でも質の異なるサービスにする

No.16では基本的な右横下回転サービスを解説したが、ここでは岸川氏が試合で実践してきた右横下回転サービスを解説する。

右横下回転に限らないが、サービスを出す際、トスの高さに変化を付けている選手は少ないのではないだろうか。しかし、トスを高く上げたり低くするなど変化を付けることで、相手のタイミングを外すだけでなく、同じ回転であったとしてもボールの質そのものを変えることが可能となる。

また、特にショートのサービスの場合、レベルが上がるほど相手の台の上で2バウンドするようなサービスが出せないと、レシーブで攻められてしまう危険性が高くなるので、意識しておくことが重要だ。

Point 1 強い回転をかけても台から出さない

台上で2バウンドさせる

卓球は、レベルが上がるほど、サービスが第一バウンドで台を出てしまうと、攻められるリスクが高くなる。ショートでサービスを出すときは、相手の台の上で2バウンドさせることを意識しよう。

自分の台のネットに近い位置で第一バウンドをさせることで、相手の台上でもネットに近い位置に落とせ、台上で2バウンドする短いサービスが出せる。また、強い回転をかけることで、飛びすぎることを防ぎ、台に収めやすくなる。

Point 2 トスの高さを変えてボールの飛ばし方を変える

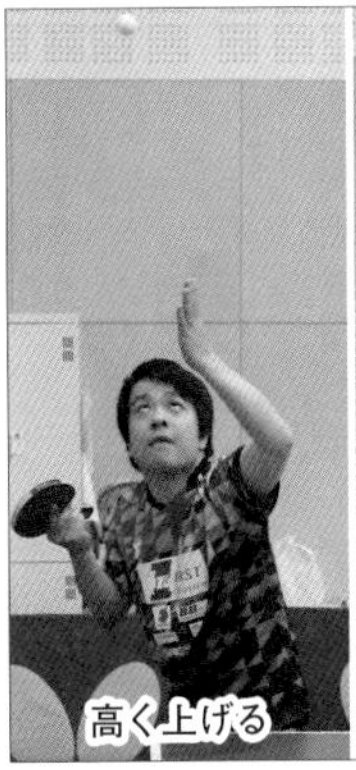
高く上げる

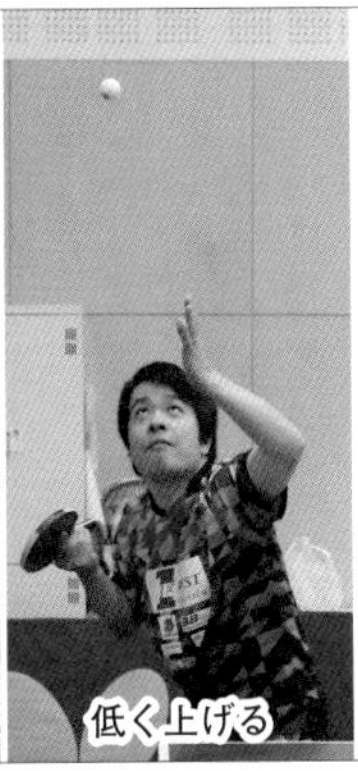
低く上げる

同じサービスを出すとき、常にトスの高さを同じにするのではなく、高く上げたり低くするなど変化を付けてみよう。高く上げればボールが落下してくるとき勢いが増すので、サービスに切れが出たりスピードを増すことができる。逆に、あえてトスを低くすることで、ボールの切れやスピードを抑えることも可能だ。

同じ回転のサービスであっても、ボールの質やタイミングそのものについても変化を付けられる。

アドバイス

打った後のモーションで相手を惑わす

右横下回転サービスに限ったことではないが、サービスでボールを打った直後は、可能ならモーションを付けたりしてラケットを動かしてみよう。特に、それまで簡単にレシーブされてしまうようなサービスであったとしても、このモーションを入れることで、相手を迷わす効果が生まれるため、レシーブされにくくなるような、効果的なサービスとなることがある。

ただし、この技術は安定したサービスが出せるようになってからチャレンジしよう。

流れ

No.37
サービスの応用
右横上回転
ショート

試合展開等を考え、
レシーブされにくい
位置に打つ

右横上回転サービスは、レシーブでの攻撃に早めに備えるとともに、レシーブされにくい位置にボールを出す

No.14では基本的な右横上回転サービスを解説したが、ここでは右横上回転サービスを試合で出すための、より実践的なテクニックについて解説していく。

上回転系のサービスは、試合ではレシーブで相手に攻撃されてしまうリスクが高い反面、相手が短く返せなければこちらが3球目攻撃が可能になるという側面も持ち合わせている。そのため、もしレシーブで攻められても、慌てず対応できるよう、サービスを出したらすぐに準備しよう。

また、相手が短く返せず3球目攻撃しやすいレシーブをさせるためには、相手がレシーブしにくい位置に自在にサービスを出せるようになることが重要なので、しっかり練習しておこう。

Point 1

Point 2

Point 1 台のどの位置にでも出せるようにする

上回転系のサービスは、バウンドした後ボールが伸びるため、相手にレシーブで攻撃されるリスクが高くなる。そこで、相手に攻撃されることを防ぐためにも、サービスを出すコースを考えることが重要だ。相手に的を絞らせず、強打できないようなコースにサービスを出すことを考えよう。

当然、狙ったコースに正確に出せる技術を身に付けておかなければいけない。右や左に打ち分けられるようになっておこう。

台の左を狙って

台の右を狙って

Point 2 レシーブで攻められないよう準備しておく

近年、レシーブではチキータが多くみられるようになってきたが、チキータに限らず、上回転のサービスを出す際は、相手に攻められることを想定しておきたい。攻められてから慌てて対応するようでは、せっかくのサービスでも得点できる可能性が低くなるだけだ。

そこで、相手がレシーブでボールを打つ前には、構えて準備しておこう。元々、レシーブで短く返すのが難しいサービスなので、浮いてくるようなら3球目攻撃も可能だ。

打ち終わったら、すぐにレシーブの準備をする

アドバイス

対応を間違えさせるモーションを

Point2で触れたが、上回転系のサービスはレシーブで攻められるリスクが高い反面、相手が対応を間違えれば3球目攻撃ができるというメリットもある。対応を間違えるとは、相手に下回転系のサービスと思わせるようなサービスが出せれば、レシーブでボールを浮かせてしまうことになる、ということだ。そのためにも、No.36のアドバイスでも触れたように、サービスを出した後にモーションを付けるなどして、相手を惑わすことが重要になってくる。

No.38

攻撃的なサービス

右横下回転 ロングクロス

流れ

第一バウンドを近くして、
右横下回転をロングで打つ

第一バウンドの位置を意識して、右横下回転サービスをロングでクロスに出し、意表を突いて強い気持ちで攻める

No.36では岸川氏が実践してきた右横下回転サービスを解説したが、ここでは同じ右横下回転でも、ロングでクロスに打つサービスの実践的なポイントについて解説していく。

下回転をロングで、かつクロスに出すには、距離が長くなるため、第一バウンドの位置が非常に重要だ。ネットの近くでバウンドさせてしまうと、ネットを超えない可能性が高い。自分の台の近くでバウンドさせることで、相手の台の深い位置を狙うことも可能だ。

このサービスは技術的に非常に難しいが、反面、使いこなせれば強力な武器となることも間違いない。サービスを出したら、必ず攻めるという強い気持ちを持って攻めに徹しよう。

Point 1
深いサーブを出すため第一バウンドを意識する

右横下回転サービスをロングでクロスに出すには、第一バウンドを自分の台の近くでさせることが重要だ。ネットの近くでバウンドさせてしまうと、ネットにかけてしまう可能性が非常に高い。さらに、近い位置でバウンドさせられれば、相手の台の深い位置に打つことも可能となる。

サービスはキレや回転量、コースなども重要だが、このサービスに限っては、第一バウンドを意識し、安定して出せるようにしよう。

第一バウンドを近くにする

第一バウンドが遠いと、ネットにかかる

Point 2
絶対に攻める

このサービスは、想定している選手は少なく、試合で用いると、相手は意表を突かれたようになり、ただ返すだけになってしまう、ということがよくある。そのため、このサービスを出す場合は、絶対に攻めるという気持ちを持ち、さらにそれを実践することが非常に重要だ。

甘く入ってしまうと、相手に攻撃されるリスクが高くなるサービスでもあるので、なおさら攻める気持ちを強く持っておこう。

絶対に攻める気持ちで臨む

アドバイス
難しい技術だが強力な武器でもある

Point2でも触れたとおり、このサービスは甘く入ってしまうなどミスをすると、攻められるリスクが高くなる。ただし、意図通りに出せれば、3球目で攻めることができ、ラリーも有利に進められるようになる。

ボールを長く出すことになるので、短いサービスよりも技術的に難しいことは間違いないが、しっかりとした技術が身に付き意図通りに打てるようになれば、非常に強力な武器となることも、また間違いない。しっかりと練習し、武器を増やすことを考えよう。

Point 2

流れ

No.39

対左へのサービス
右横下回転
ロングストレート

右横下回転を
ロングでストレートに出す

左利きの選手に対し、ロングでストレートに出してラリーを優位に進める

No.38では右横下回転サービスをロングでクロスに出す実践的なポイントについて解説したが、ここでは同じサービスをクロスではなくストレートに出すポイントについて解説する。

クロスに比べストレートでは距離が短くなるため、難易度は高くなる。ただし、難易度が高いからといって深い位置を狙えないと、レシーブで強打されるリスクが高くなるので、確実に深い位置を狙いたい。そのためには、第一バウンドに注意してサービスを出すことが重要だ。

このサービスはストレートに打つため、左利きの選手に対して有効だ。意図通りに出せる技術を身に付けて、3球目攻撃ができるようになろう。

Point 1 距離が短いので深い位置を狙う

右横下回転サービスをロングにストレートで出す場合は、可能な限り深い位置を狙う必要がある。深く出せないと、レシーブで相手に強打される可能性が極めて高くなってしまうからだ。

しかし、クロスに比べ距離が短くなるため、実際には深い位置を狙うのは難易度が高いサービスでもある。そこで、深い位置を狙うためには、第一バウンドの位置に意識を集中させよう。自分の台の近い場所に合わせてサービスを打とう。

Point 2 左利きの選手に有効なサービス

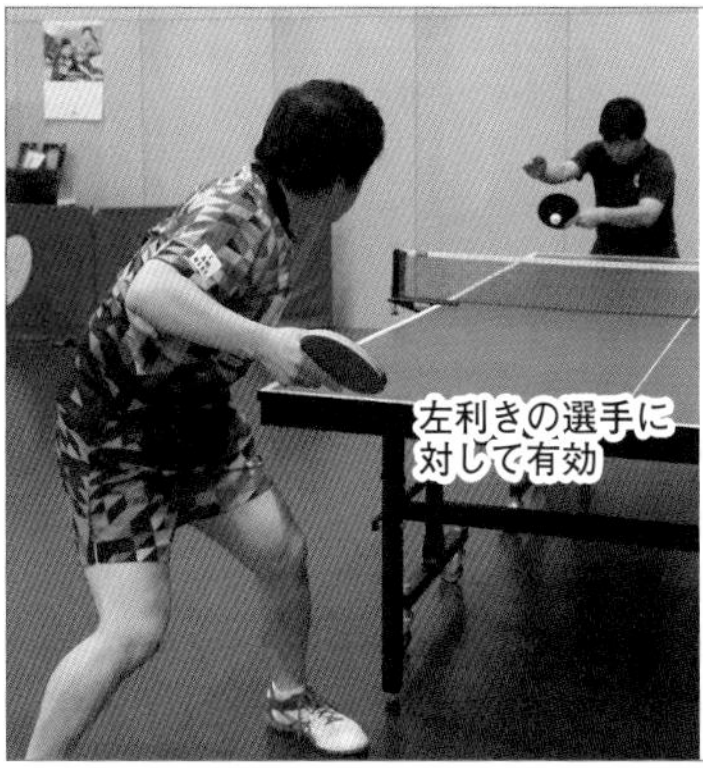

このサービスは、右利きの選手を相手に使用することはあまりなく、左利きの選手に対して有効であるといえる。意図通りにサービスが出せれば、相手はバックハンドでレシーブすることになるからだ。そのため、フォアハンドでレシーブされないよう、深さとコースに注意を払うとともに、小さいサービスだと思わせるような、質の高いサービスを心がけよう。

このサービスが成功すれば、高確率で3球目がチャンスになる。

アドバイス

相手に迷いを生じさせ判断を遅らせる

Point2で、小さいサービスだと思わせることが重要だと解説したが、相手を迷わせるには、小さいサービスだと思わせておいて長いサービスを出すだけでなく、他にもさまざまな方法がある。対応を間違えさせるモーションも有効だし、試合の流れなどを考え、相手に的（予想）を外させるといったことも有効だ。迷いが生じれば判断が遅れる。ロングのサービスは競った展開では危険が伴うが、だからこそ、そのようなタイミングで出すというのも意表を突く有効な方法だ。

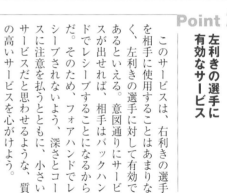

No.40
サービスの応用
左横回転
ショート

左横回転サービスのショートは、出す場所とコースを変えて、相手に的を絞らせない

No.13では基本的な左横回転サービスを解説したが、ここではより実践的な左横回転サービスのポイントを解説していく。

左横回転サービスは、相手からコースが読まれにくい、出す場所を変えても違和感なくサービスが出せる、という2つの大きな特徴を持っている。そのため、出す位置を変えつつコースも都度変えれば、相手にとっては非常に厄介なサービスになると覚えておこう。ただし、最近でこそ多くなってきたが、まだまだこのサービスを出せる選手は多くない。それだけに、使いこなせなければトップに昇り詰めるのも難しい。しっかりと練習して、ぜひ自分のものにしておきたいサービスだ。

Point 1 様々なコースに出せるようにする

左横回転サービスは、元々は使いこなせる選手が少なかったが、徐々に使いこなせる選手が多くなってきている。当然、レベルが上がるほど重要度は増し、この左横回転サービスを使いこなせなければトップにはなれないと心得ておこう。このサービスは相手からコースが読まれにくいという特徴を持っている。そのため、さまざまなコースに自在にサービスが出せると、より効果を発揮するので、しっかり練習しておこう。

左右中央、狙った場所に打てるように

Point 2 出す位置を変えることで違うサービスになる

左横回転サービスは、実際に行ってみると分かるが、フォアやミドルなど、出す場所を変えても、違和感なくサービスを出すことができるという特徴も持ち合わせている。Point1では、コースが読まれにくい特徴があると解説した。

出す場所を変え、かつ、さまざまなコースにサービスを打ち分けることができれば、相手に的を絞らせないだけでなく、サービスそのものを変えることも可能だ。

出す位置を変えて違うサービスにする

アドバイス 3球目以降も意識した練習を

左横回転サービスは、元々はヨーロッパの選手が用いていたが、現在では日本や中国、韓国を含め、アジアだけでなく世界中の選手が使うようになっている。つまり、右回転も左回転も自在に使いこなせることが、必須となってきているわけだ。

これは言い換えると、相手のレシーブも左右に応じたものに変わることを意味する。つまりは、3球目の待ち方や攻め方も変わることになるので、サービスの練習だけでなく、3球目以降につなげる意識も持ちながら練習に励む必要がある。

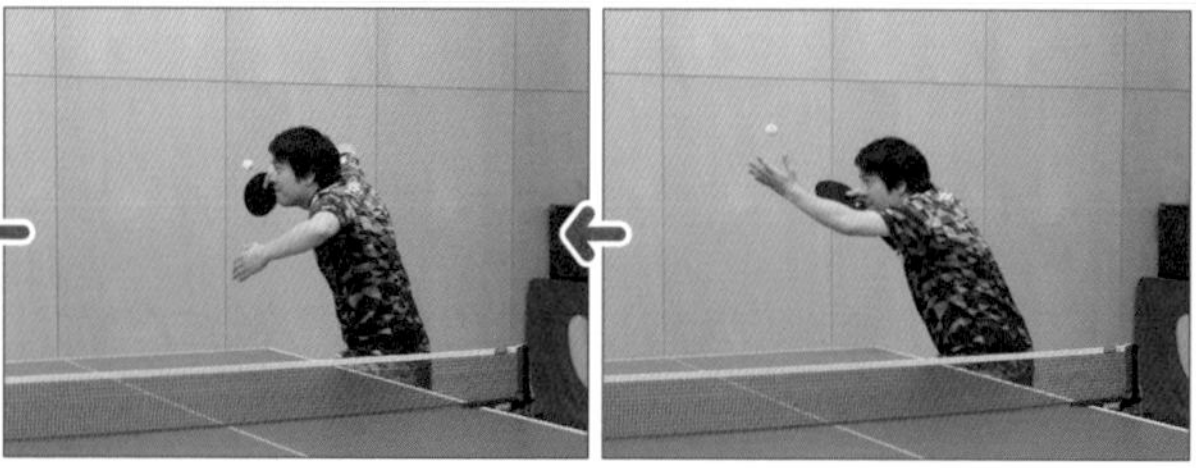

流れ

No.41

サービスの応用

左横回転 ロングクロス

第一バウンドを
近い場所にして、
深い位置を狙う

左横回転でも、しっかりとボールに力を伝える感覚を養い、第一バウンドに注意して深い位置を狙う

No.40では実践的な左横回転サービスのポイントを解説したが、ここではショートではなくロングでクロスに出す際のポイントを解説していく。

左横回転であっても、ロングでサービスを出す際は、第二バウンドの位置が中途半端になってはいけない。そこで、必ず第一バウンドの位置に意識を集中し、自分の台の近い位置を狙って打つ必要がある。ただし左横回転は、慣れないとボールに力を伝えにくいため、第一バウンドの位置に注意するだけでは不十分だ。しっかりと力を伝え、ボールを飛ばす感覚を養っておこう。長短を織り交ぜることができれば、非常に効果的なサービスとなり、試合を優位に進められる。

Point 1 第一バウンドを意識する

第一バウンドは近い場所に

左横回転に限ったことではないが、サービスをロングに出そうとするなら、第一バウンドの位置に意識を集中させよう。ロングサービスが中途半端になり、深い位置を狙えないと、相手にレシーブで強打され、圧倒的に不利な状況でラリーを行うことになるからだ。

そこで、左横回転であっても、第一バウンドは自分の台の近い位置を狙おう。ただし、位置だけでは不十分なので、その他の要素をPoint2で解説する。

Point 2 力を伝えてボールを飛ばす

左横回転であっても、ボールに力を伝えて飛ばす

左横回転サービスは、ボールに力を伝えにくい。No.40で解説したショートサービスであれば問題ないが、ロングサービスでボールに力がうまく伝えられないと、中途半端な長さになってしまい、相手に強打されるリスクが高くなる。

力を伝えるには、コツというよりは慣れが必要で、何度も練習して感覚を磨くしかない。ボールにしっかりと力が伝えられるようになれば、相手の台の深い位置を狙えるようになる。

アドバイス

長短を織り交ぜてより効果的に

左横回転サービスは、最近でこそ使いこなせる選手が増えてきてはいるが、まだまだ多くないのが現状だ。ロングとなると、さらに少なくなってくる。これは、対戦経験のある選手も少ないことを意味している。

コースが読まれにくいという特徴や、さまざまな場所から出せるという特徴に加え、ロングとショートの使い分けができれば、相手に読まれにくい、非常に有効なサービスだ。対戦経験が少ない選手が相手なら、なおさら優位に試合を進められる。

流れ

No.42

攻撃的なレシーブ
ナックルサービスに対するツッツキ

ナックルサービスに対し ツッツキでレシーブするには、強めに押して深い位置を狙う

ここでは、岸川氏が試合で実践しているナックルサービスに対するレシーブのひとつとして、ツッツキのポイントを解説していく。

ナックルサービスをツッツキでレシーブする際は、ボールにほとんど回転がない分、自分で力を伝えて強い下回転を加えるよう意識することが重要だ。そのため、打つ瞬間、強めに押すようなイメージでボールを捉えよう。さらに、なるべく相手の台の深い位置を狙いたいので、その意味も含め、ラケットに当てるだけにならず、しっかりと飛ばすよう力を伝えることが重要だ。深い位置に打てれば、相手のドライブを弱めることもできるので、相手のサービスであっても有利にラリーを進められる。

Point 1
Point 1
Point 2

Point 1
強めに押して回転を加え強く速いレシーブを打つ

ナックルサービスはボールにキレがないのが特徴なので、レシーブの際、単にラケットに当てるだけではナックルで返すことになってしまうため、相手に強打されるような打球になってしまう。

そこで、レシーブでボールを打つ瞬間、強めに押すようなイメージで、しっかりと自分で力を伝えて回転を加えよう。ラケットの面を上に向け、キレのある下回転を加えることで、強く速いレシーブにすることができる。

ラケットの面を
上に向ける

Point 2
相手の台の深い位置を狙う

ナックルサービスをツッツキでレシーブする際は、相手の台の深い位置を狙うのが鉄則だ。中途半端な位置に打ってしまうと、相手に3球目攻撃され、その後のラリーで有利な展開に持ち込めなくなってしまう。そのためにも、Point1で解説したように、強めに突っつくことでボールに力を伝える必要がある。

トップの選手に近づくほど、相手のドライブを弱めることを考え、深い位置へ打つことを考える。

台の深い位置を狙う

アドバイス
ツッツキの極意

ナックルサービスに対するツッツキに限ったことではないが、ここでは岸川氏の考えるツッツキの極意について触れておこう。

①深い（場所）
②速い（打球）
③キレ（のある球質）

ツッツキでは、この3つを意識することが重要だと説いている。この3要素を満たしたレシーブができれば、相手に強打されることがなくなるだけでなく、カウンター等、こちらが攻撃に転じることができるようになる、というわけだ。常に意識して練習し、試合でも実践してみよう。

流れ

No.43

安定感重視のレシーブ
下回転サービスに対するツッツキ

ラケットを水平にして
フォロースルーで
ボールを飛ばす

下回転サービスには、ラケットを水平にして打ち、フォロースルーで深く飛ばす

No.42では岸川氏が実践するナックルサービスに対するツッツキを解説したが、ここでは岸川氏が実践する下回転サービスに対するツッツキを解説する。

　ナックルサービスでは、ボールに力を伝えると解説したが、下回転サービスはボールに回転がかかっているため、自分の力でボールを飛ばそうとするとネットミスなどにつながりやすい。そこで、ボールを打つ瞬間は余計な力は加えず、ラケットの面を水平にすることを意識することが重要だ。これは、下回転に反発しない角度を作る必要があるからだ。ボールを打った直後には、ややラケットを返し、フォロースルーでボールを飛ばして台の深い位置を狙おう。

Point 1
Point 1
Point 2

Point 1 力を加え過ぎず角度を合わせて飛ばす

ナックルサービスでは、ボールに力を伝えることが重要であると解説したが、下回転サービスの場合は、力を加え過ぎるとミスにつながりやすいので、余計な力を加えないよう注意しよう。その代わり、ラケットの角度を合わせるイメージを持ってボールを飛ばすことが重要だ。

自分の力で飛ばそうとしてしまうと、ボールが反発してしまうこととなり、結果的に安定せず、ネットミスになりやすい。

力を加えず
ラケットの角度を
合わせる

Point 2 ラケットの面を水平にし台の深い位置を狙う

ボールを打つ瞬間は、下回転に反発しない角度を作ることが重要だ。そのためには、ラケットの面を上に向け、なるべく水平になるような角度にすることを意識しておこう。この面の角度を作ることで、ネットミスを回避できる。

さらに、打球したらややラケットを返しながら、フォロースルーでボールを飛ばすイメージを持っておこう。単に返すのではなく、相手の台の深い位置を狙い、強いドライブを返させないためだ。

ラケットの面を
水平にする
フォロースルー
で飛ばし、
深い位置を狙う

アドバイス

ツッツキと見せかけてストップに変える

ツッツキレシーブをする際、相手がストップレシーブと見分けが付けられなければ、非常に効果的だ。ツッツキとストップは入り方が似ているため、相手が打球後でないとどちらでレシーブしたか分からなければ、判断が遅れることになるからだ。

相手に見分けられないようにするためには、打つ直前までどちらにするか決めないような雰囲気を作るといい。あるいは、ツッツキのように見せておいて、直前でストップに変化する(またはその逆も)、という見せ方をするといい。

流れ

No.44
攻撃的なレシーブ 右横下回転サービスに対するストップ

右横下回転であっても、面を開き気味にして上を向け、瞬時に力を入れて低く回転をかける

No.25では右横下回転サービスに対する基本的なストップでのレシーブを解説したが、ここでは岸川氏が試合で実践してきた、実戦に即した右横下回転に対するストップを解説する。

基本では右横回転に対応するため、ラケットを内側に向けて準備するが、よほど強い横回転がかかっていなければ、むしろ面を外側に開き気味にして、下回転サービスをレシーブするようなイメージで対応しよう。

さらには、面を上に向け、短い距離を瞬時に押し込むようなイメージで力を入れ、ボールに強い回転をかけることで、低くキレのあるストップとなる。現在主流となっているチキータだけでなく、フォアでのレシーブもしっかり身に付けよう。

Point 1
Point 2
Point 2

Point 1
横回転を意識せず 面を開いて上を向ける

面を開いて上を向ける

基本的な右横下回転サービスに対するレシーブは、ラケット面を内側に向けるが、よほど強い横回転がかかっていなければ、面を内側に向けず、むしろ外側に開き気味にしても問題ない。内側に向けるとネットミスが多くなるが、開き気味にすることで、ボールが安定し、力を加えやすくなるというメリットも生まれる。

あまり横回転は意識せず、下回転と同様のイメージで面を上に向けてレシーブしてみよう。

Point 2
当たる瞬間に力を入れて 低くキレのあるストップを

当たる瞬間に力を入れ

強い回転のかかった
低いボールを打つ

レシーブでストップを行う場合は、ボールが当たる瞬間にほんの短い距離を瞬時に押し込むようなイメージで力を入れ、キレのあるストップとなるよう意識しよう。こうすることで、低く回転の強いキレのあるストップが可能になる。

相手はストップに対して続けてストップで返そうとすることが多いが、回転が強い分、ストップそのものが難しくなり、結果的にこちらが攻めやすいボールを出してしまうことにもつながる。

アドバイス
チキータ同様に重要なフォアのレシーブ

現在、国内だけでなく世界を見渡してみても、レシーブでチキータを用いる選手が多くなっている。ツッツキやストップといったフォアハンドでのレシーブも使いこなせた上で、さらにチキータも使えるならいいが、チキータばかりに頼り、フォアハンドでのレシーブを苦手としている選手が多くなっているのが実情だ。

しかし、今後もフォアハンドでのレシーブは絶対に必要な技術なので、どちらも高いレベルで使いこなせるようにしておくことが、非常に重要だ。

流れ

No.45

攻撃的なレシーブ
チキータ

バックスイングから
手首を戻して打ち、
サイドスピンをかける

チキータは、手首を曲げてラケットを内側に入り込ませ、手首を戻しながらサイドスピンをかける

レシーブは基本的に相手のサービスの回転に合わせたラケットの面を作り、回転に合わせたボールの捉え方をする必要がある。しかし、チキータはどの回転でも対応可能で、世界的に見ても非常に重要な技術となっているので、ぜひ覚えておこう。

チキータでもっとも重要なのは打つ前の手首の作り方だ。手首を曲げてラケットを内側に入り込ませておく必要がある。なお、バックハンドになるため、ボールのコースに体を移動させることも必要だ。手首を戻しながらラケットの先端が真下を向いた瞬間にボールを捉え、強いサイドスピンのかかったボールを返そう。ぜひ身に付けておいてほしいレシーブのひとつだ。

Point 2
Point 1

Point 1
手首を曲げて ラケットを入り込ませる

手首を曲げてラケットを
入り込ませる形が重要

チキータで最も重要なのは、打つ前の手首の作り方だ。肘を上げ手首を曲げてラケットを内側に入り込ませよう。しっかり入り込ませず、入り方が甘くなってしまったり、逆に入り込みすぎても、安定したレシーブが打てなくなる。

なお、チキータはバックハンドでのレシーブになるため、フォアハンドのように腕の曲げ伸ばしでボールを捉えることは不可能だ。足を動かして体をボールのコースに移動させなければならない。

Point 2
ラケットの先端が 真下を向いた瞬間で ボールを捉える

ラケットが
真下を向いた
瞬間に合わせて打つ

チキータでレシーブする瞬間は、ボールが当たる場所も重要になる。手首を曲げてラケット入り込ませた状態から、手首を戻しながらラケットを振りはじめるが、ラケットの先端が真下を向いた瞬間でボールを横を捉えるイメージだ。

このタイミングで打てれば、サイドスピンのかかった安定したボールが前に飛んでいく。しっかりボールを捉えられていれば、弧線を描いてゆっくりとボールが飛んでいくはずだ。

アドバイス
レシーブが有利になるチキータ

チキータは世界的に見ても多くの選手が用いる技術であり、チキータを使いこなせなければ世界で戦えないといわれるくらい、重要度が増している。

卓球は、元来サービスが有利でレシーブは守備から始まるものだったが、チキータという技術が出て以降は、むしろレシーブが有利な時代になりつつあるといわれるほど、攻撃的なレシーブだ。さらには、どの回転であっても対応できるという面もあり、非常に有効なレシーブの技術なので、ぜひ習得しておいてほしい。

流れ

No.46

攻撃的なレシーブ
台上バックドライブ

ボールの後ろで
やや上側を捉え、
スピードを重視して打つ

台上バックドライブはボールの後ろやや上を捉えてトップスピンをかけ、スピード重視で攻める

No.45ではチキータを解説したが、ここではチキータに似てはいるが、より攻撃的なレシーブとなる台上バックドライブについて解説していく。

台上バックドライブは、チキータ同様、打つ前のバックスイングの作り方が重要だ。脇を開いて手首を曲げ、ラケットを内側に入り込ませる。もちろん、台上なので、この形を台の上で作る必要がある。ボールを捉える際は、ラケットの面を下に向けたまま、ボールの後ろ側やや上を打ち、手首の返しと肘を伸ばすフォロースルーでトップスピンをかけて前に飛ばす。攻めのドライブなので、スピード重視を崩さず、台上から相手を攻めるつもりで打ち込もう。

Point 1
チキータほど肘は上げず 手首を曲げて入り込ませる

台上バックドライブは、No.45で解説したチキータと似ているが、チキータはサイドスピンをかけているのに対し、バックドライブはトップスピンに近づけた位置づけとなるため、より攻撃的なレシーブといえる。

チキータ同様、バックスイングの作り方が重要で、チキータよりも肘は上げずに手首を曲げてラケットを内側に入り込ませよう。もちろん、台上なので、台の上でこの形を作る。

チキータのバックスイング

バックドライブのバックスイング

Point 2
ラケットの面を下に向け ボールの後ろ、やや上を捉える

チキータではラケットの先端を下に向けてボールの横を捉えたが、バックドライブの場合は手首を前に戻すイメージでラケットの面を下に向けたまま、手首を返しながらボールの後ろ側やや上を捉える。手首を返す動きと肘を伸ばして前に出す動きで、ボールにトップスピンをかけ、スピードのあるドライブを心がけよう。

攻めるためのドライブなので、スピードを重視し、台上から攻める姿勢を崩さずに打とう。

チキータの捉え方

バックドライブの捉え方

アドバイス
攻撃的なレシーブを身に付けレベルアップ

本書では何度も触れているが、卓球は基本的にサービスが有利といわれている。初心者や中級者のレベルであればなおのこと。サービスの回転に合わせてレシーブし、相手の台に収めることに必死になってしまうだろう。

しかしレベルが上がってくると、相手のサービスに対し強打でレシーブすることも可能になってくる。当然、難易度は高くなるわけだが、これらの技術が身に付けば、レシーブでも守備から入らなくて済むので、技術を身に付け、卓球のレベルを上げていこう。

流れ

No.47

フォアハンドドライブの応用
カウンタードライブ

バックスイングは小さく、
ボールの勢いを利用して打つ

カウンタードライブは、バックスイングとフォロースルーを小さくし、ボールの勢いを利用する

実際の試合で、相手のドライブに対しカウンタードライブで返すというのは、よくあることだ。世界的に見ても、卓球は年々スピードを増しているため、大きなモーションでカウンタードライブを打とうとすると、遅れてしまうという危険性が高くなっている。

そこで、カウンタードライブを打つ際は、バックスイングを小さくし、相手のボールの勢いを利用して強いボールを返すよう心がけよう。さらには、相手がカウンターで返してくることに備え、フォロースルーも小さくし、素早くラケットを戻して次に備える意識も持ち合わせておきたい。卓球は年々スピードを増しているので、後れを取らないよう心がけておこう。

Point 1
ラケットを下げすぎずバックスイングを小さく

相手のドライブに対してドライブで返すため、ラケットを大きく振る時間はない。さらに、相手のボールの勢いがあるので、それを利用すれば自分の力を利用することもなくなるため、スイングが大きくならないよう注意しよう。

特にバックスイングを大きくとってしまうと遅れる危険性が高くなるので、ラケットは下げすぎず、バックスイング自体も小さくを心がけよう。相手の力を借りて強いボールを返すイメージだ。

ラケットの下げすぎに注意し、バックスイングは小さくする

Point 2
フォロースルーも小さく素早く戻す

Point1ではバックスイングを小さくすると解説したが、こちらがカウンタードライブで返すと、相手もさらにカウンターで返してくる可能性がある。そのような場合でも、遅れることなく次に備えなければいけない。

そのためには、バックスイングだけでなく、フォロースルーも小さくすることを意識しておきたい。フォロースルーを大きくとってしまうと、ラケットを戻す前にボールが戻ってくる危険性が高くなる。

フォロースルーも小さくする

アドバイス
小さなスイングのカウンターの重要性

ツッツキやストップなどを含めた他のレシーブの技術が身に付き、深くて速くてキレのあるレシーブができるようになっても、実際の試合ではカウンターの精度が低く安定しなければ、試合に勝つのは難しい。

さらには、近年は全体的に卓球のスピードが年々速くなってきているので、大きなスイングでは間に合わず、コンパクトで連打できるようなカウンターが必須となっているのも事実だ。小さいスイングのカウンタードライブは、ぜひとも身に付けておこう。

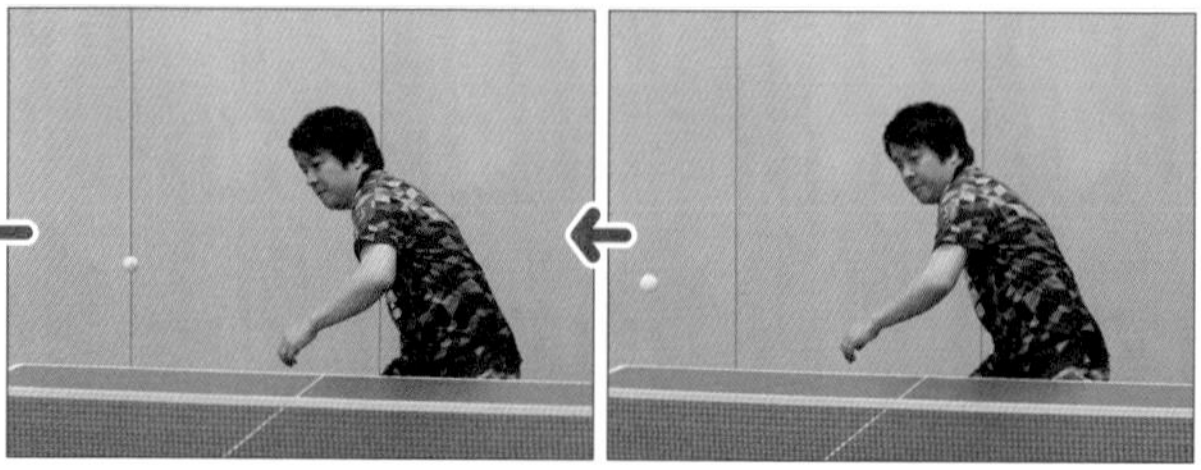

流れ

No.48

攻撃的なフォアハンドドライブ

カーブドライブ

カーブドライブで相手を動かすには、早めに手首の形を作り、クロスで台の隅を狙う

　ラリー時にフォアハンドドライブで打ち合っていても、なかなか流れが変わらず、相手を動かすこともできない。試合をしていると、そのような状況に陥ることがある。そのようなときの効果的なドライブのひとつにカーブドライブがある。

　カーブドライブを打つ際に大切になるのは、まず手首の形を作ること。ボールの右側を捉えられるような手首を作ることが重要だ。ただしラリー中なので、打とうと決めたら、ボールが戻ってくる前に手首を作ることが肝心だ。また、フォアクロスで台の隅を狙えれば、ボールは逃げていくので、相手を動かすことができる。頻繁に使う技術ではないが、チャンスがあれば打ってみよう。

Point 2
Point 1
Point 1

Point 1 判断を速くして手首を曲げる形を作る

手首を折って
早めに形を作る

ドライブでカーブをかけるには、ラケットの面でボールの右側を捉えられるよう、手首を曲げて写真のような形を作ることが重要だ。

ただし、卓球は狭い空間でボールのスピードも速いので、打とうとする瞬間に手首の形を作ろうとしても、まず間に合わない。ラリーの展開や相手の動きなどを見ながら、カーブドライブを用いようと決めたときには、相手からボールが来る前に、判断を早くして事前に手首の形を作ろう。

Point 2 台の隅を狙って相手を大きく動かす

VICTAS
クロスで台の隅を狙う

カーブドライブは、基本的にフォアクロスに使うことが多いのが特徴だ。そこで、相手の台の隅を狙って打つようにしよう。ボールはカーブしていくため、クロスで隅を狙えば、さらに台の外に遠ざかっていく軌道を描いていくことになる。

このような鋭いコースにしっかりと打てれば、ボールの曲がりも加わっているため、相手がボールを打つには、かなりの距離を移動せざるを得なくなる。

アドバイス

ここぞで相手を動かし流れを変える

Point2でも触れたが、カーブドライブを打つ際、台の隅を狙えば、相手にかなりの距離を移動させることができる。普通にラリーしているだけでは動かせない相手でも、このカーブドライブを用いることで1mは動かすことができる。高いボールが来た時など、チャンスと思ったら、ぜひ相手を動かしてみよう。

ただし、カーブドライブはスピードが落ち安定しにくいので、頻繁には使わない方がいい。ここぞのときの流れを変える一打だと思っておいてほしい。

No.49

攻撃的な
フォアハンドドライブ
シュートドライブ

流れ

シュートドライブで相手を動かすには、素早く移動して体勢を作り、台の隅を狙って逃げるボールを打つ

No.48ではラリー時のカーブドライブを解説したが、ここではボールが逆に曲がっていくフォアハンドのシュートドライブを解説していく。

シュートドライブはバックハンドでラリーしている際に用いることが多く、通常であればバックハンドで返せるものを、体を外側に移動させてフォアハンドで打つ必要があるので、素早く移動してしっかり打てる体勢を作ることと、ボールの左側を捉えるような手首の形を作ることが重要になる。台の隅を狙い、ボールが外側に逃げていくようなボールを打とう。相手は届かず、仮に届いたとしても、次の攻撃が絶好のチャンスとなる可能性が高くなる。

Point 1
体を移動させて ボールの左側と捉える形を作る

ドライブでシュートをかけるには、ラケットの面でボールの左側を捉えられるような手首の形を作ることが重要だ。写真のように若干ラケットを立て、ラケットの面をやや外側に向けておく。

シュートドライブを打つには、ボールに対してかなり外側まで移動しなければならない。本来であればバックドライブで返せるボールをあえて動いてフォアを打つので、しっかり動いて回り込み、打てる体勢を作ることが重要だ。

ボールの左側を捉える手首の形を作る

Point 2
台の隅を狙って得点率を上げる

シュートドライブを打つときは、台の隅を狙おう。ボールにはシュート回転がかかっているため、隅を狙いボールを曲げることで、相手が取れない場所にボールは飛んでいくため、得点率が格段にアップする。仮に相手が届いて返されたとしても、かなりの距離を移動させているので、次のボールが絶好のチャンスとなる。

頻繁に使う技術ではないが、コースを狙ってしっかり曲げられれば、強力な武器となる。

フォアで台の隅を狙って打つ

アドバイス
カーブドライブとシュートドライブの重要性

カーブドライブと、ここで解説したシュートドライブは、使いこなせない選手が多い。使いこなせないばかりか、ボールを曲げることができない選手もいるほどだ。しかし、解説したように、この2つのボールが打てれば、相手が届かずに得点できる可能性が格段にアップする。

もし真っすぐしか打てなければ、常に拾われ続けてしまうので、展開を変えられないだけでなく得点率も上がってこない。卓球の幅が広がり、ラリーでも有利になれるので、ぜひ習得しよう。

Point 1

流れ

No.50

攻撃的な
バックハンドドライブ
カウンタードライブ

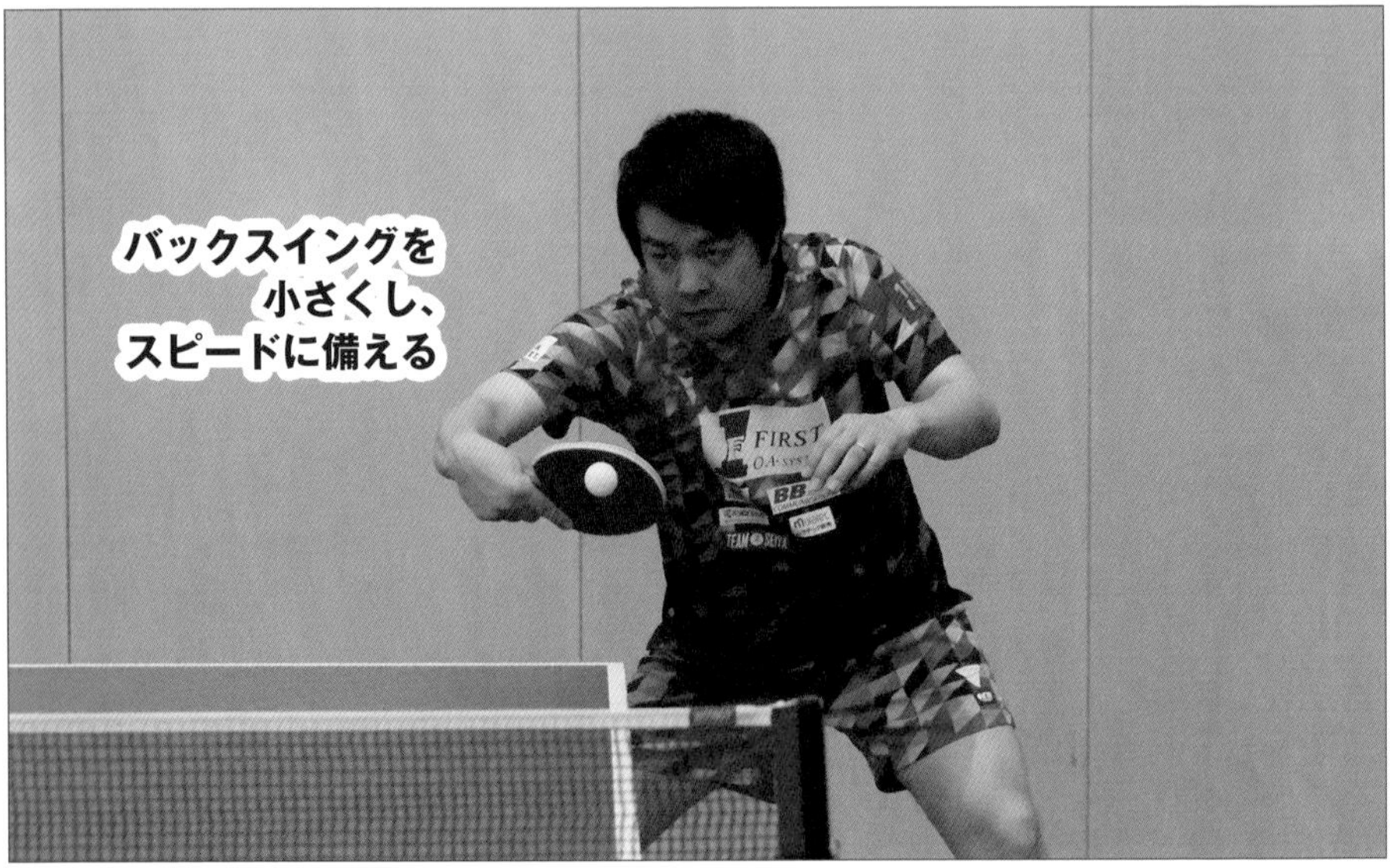
バックスイングを
小さくし、
スピードに備える

バックハンドのカウンタードライブは、バックスイングとフォロースルーを小さくしてスピードに備える

バックハンドでラリーを行う際は、台の近くで素早く打ち合っているはずだ。その際、バックハンドでのカウンタードライブを打とうと思うなら、相手からすぐにボールが戻ってくるので、大きなモーションでは間に合わない。そこで、バックスイングは腕ではなく手首で小さく取ることを意識しよう。そして、打ち終わった後のフォロースルーも大きくせず、すぐに次のボールに備えるよう心がけておく。台の近くでラリーをしているはずなので、相手からすぐにボールが返ってきてしまうからだ。

バックハンドでのラリーは、今後さらに増えていくので、バックハンドのカウンタードライブは、より一層重要な技術となっていく。

Point 2
Point 1

Point 1
バックスイングは大きくせずしっかりとした形を取る

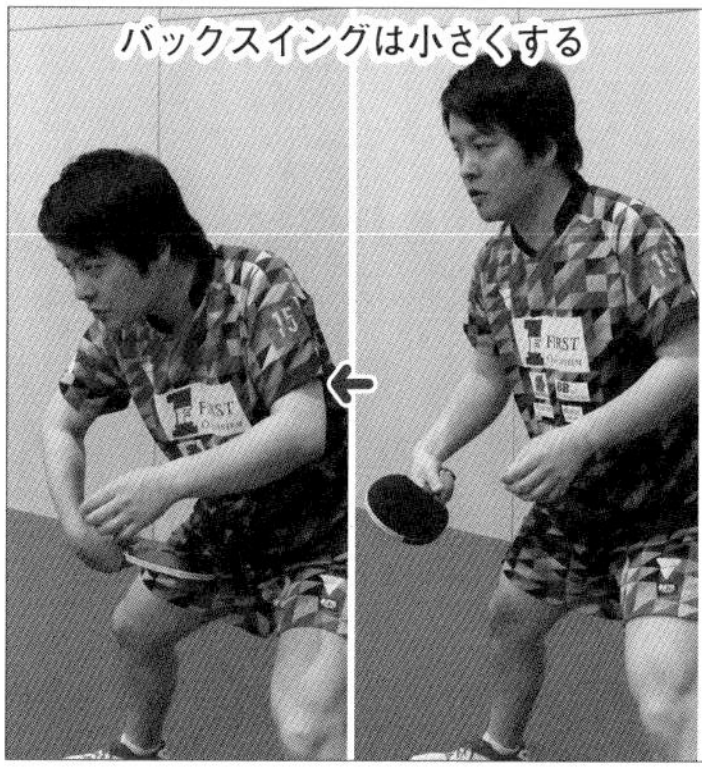
バックスイングは小さくする

バックハンドでカウンタードライブを打つ際は、バックスイングを極力小さくしよう。そのためには、腕ではなく手首でバックスイングを取るといい。また、ラケットが台の下に行き過ぎてしまうと安定しないので注意しておこう。

ただし、バックスイングが小さすぎてしまうとスイングに力がなくなり、ボールにパワーを伝えることができなくなる恐れも。写真のようなしっかりとしたバックスイングを取ることが重要だ。

Point 2
フォロースルーも小さくして次のボールに備える

フォロースルーも小さくし、
相手からのボールに備える

バックスイングを小さくすることも重要だが、フォロースルーも大きくならないよう注意しておこう。バックハンドでラリーを行っているということは、台の近くで打ち合っているはずなので、相手からすぐにボールが返ってくる。

フォアハンドに比べて距離が短いため、なおさら速い対応が求められるので、フォロースルーを大きくしていては戻すのが遅くなるためだ。すぐに戻して次のボールに備えよう。

アドバイス
バックハンドによるカウンタードライブの重要性

かつて卓球は、バックハンドでラリーを行うということはあまりなく、フォアハンドでのラリーばかりだった。しかし、近年では世界的に見てもバックハンドでは台の近くで素早く打ち合い、フォアハンドは台から離れて打ち合うというスタイルが主流になっている。

そこにチキータという技術が出てきたことによって、バックハンドで行われるラリー展開がさらに多くなってきた。そのような背景から、バックカウンターは、さらに重要な技術になっていくことは間違いない。

Point 1

流れ

No.51

攻撃の幅を広げるバックハンドドライブ

カウンタードライブ（ストレート）

足を平行に戻し、
体の向きを
微調整して打つ

バックハンドでクロスからストレートにチェンジするときは、体の向きを微調整する

バックハンドでクロスに打つ際は、左足を右足より前に置き、体をクロスの方向に向けるのが基本だ。この体勢から、足の位置はそのままに上半身だけを捻り、腕の操作でストレートに打とうとすると、当然、ボールは安定しない。

そこで、ストレートにチェンジする際は、右足と平行になるくらいまで左足を戻すことが重要だ。体を打つ方向に微調整することで安定したボールが打てるようになる。また、ほんの数センチだけシュート回転をかけるようなイメージで、ボールの真後ろよりもやや右側を捉える気持ちで打つと、安定した軌道になるだけでなく、飛ばしすぎて台から出してしまうリスクを軽減することにもつながる。

Point 1 足を平行に戻して体を打つ方向に向ける

クロスに打つときは、基本的に左足が右足よりも前に出ているはずだ。しかし、この足の形のままストレートに打とうとすると、体はクロス方向に向いているため、不自然な体勢となり、ボールが安定しない。

そこで、カウンタードライブをストレートに打つときは、左足を右足と平行になるくらいまで素早く戻す必要がある。安定したボールを打つためには、打つ方向に体を向ける微調整が重要だ。

素早く微調整して、台に対し足を平行に戻す

Point 2 少しだけシュート回転をかける意識を持つと安定する

バックハンドでストレートに打ちたいとき、純粋にストレートに打とうとすると、ボールが安定しないことがある。シュート回転をかける、という意識ではないが、ボールの真後ろではなく、少しだけボールの右側を捉えるような気持ちで、ほんの数センチだけシュート回転の軌道になるようなイメージのボールを打つと安定させられる。

クロスよりも距離が短いので、ボールを飛ばしすぎて台から出てしまうリスクも軽減できる。

わずかにシュート回転をかけるイメージで打つ

アドバイス

クロスからのチェンジで攻撃の幅を広げる

本書では何回か触れているが、卓球は世界的にバックハンド対バックハンドのラリーが主流になっている。そのため、ラリー中にクロスからストレートにチェンジできれば、非常に有利になる。

さらに、バックハンドのカウンタードライブをクロスとストレートで打ち分けられれば、相手は対応しにくくなるだけでなく、バックサイドを空けさせることにもつながるため、攻撃の幅が広がる。

ストレートは距離が短くなるため技術的に難しいが、習得したときの見返りも大きい。

Point 1

流れ

No.52

離れた場所からの
バックハンドドライブ
後陣バックドライブ

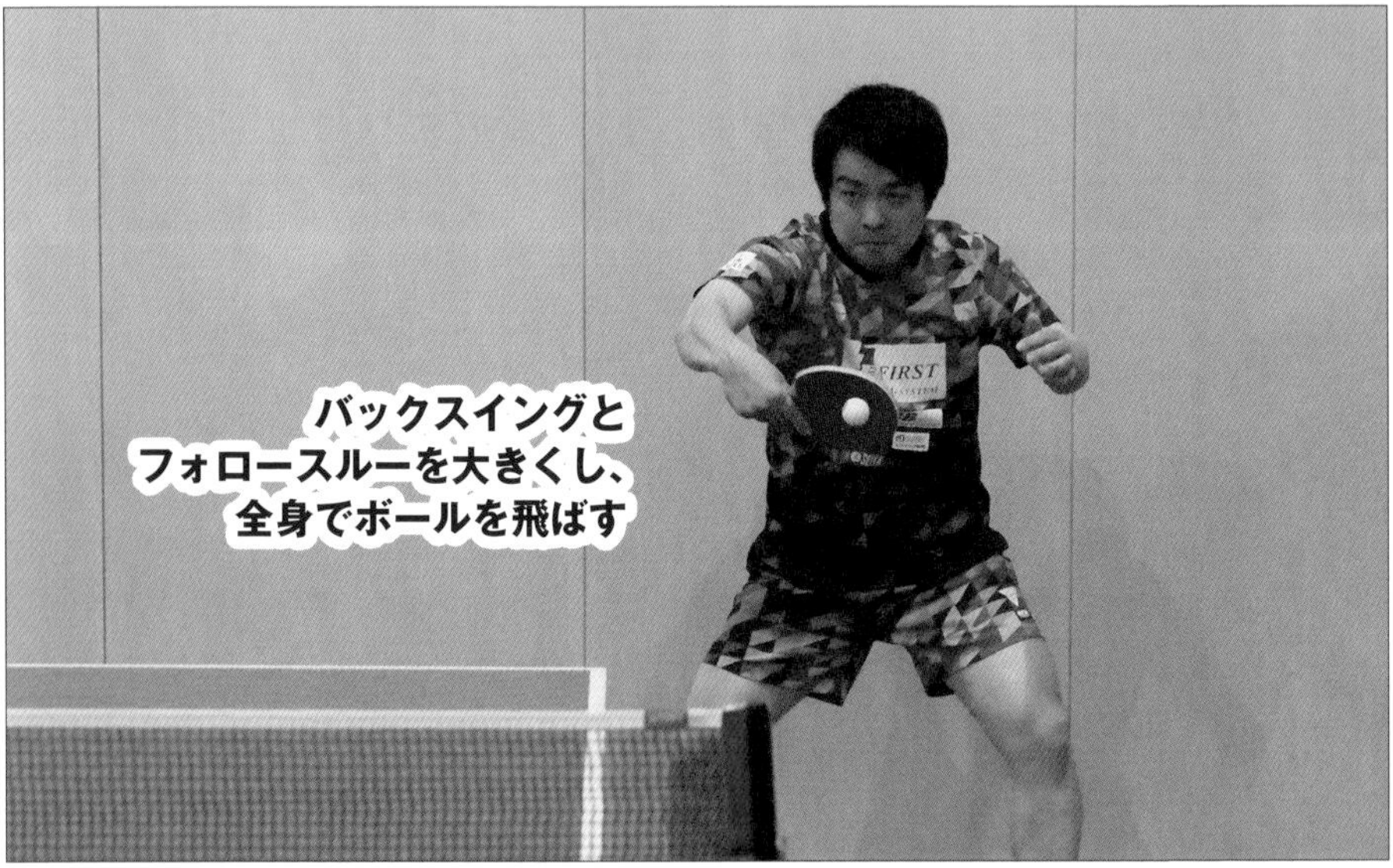
バックスイングと
フォロースルーを大きくし、
全身でボールを飛ばす

後陣バックドライブは、バックスイングとフォロースルーを大きく、膝を使って威力のあるボールを飛ばす

No.50のように、お互いが台に近い位置でバックハンドラリーを行っているときは、スピードに対応するよう、バックスイングやフォロースルーは小さくした。しかし、バックハンドでも下がって台から離れた状態（後陣）であれば、ボールを遠くに飛ばさなければならず、距離もできるため、バックスイングは大きく取ろう。さらには、膝を曲げてタメを作り、体全体でボールに力を伝え、フォロースルーも大きく取り、強く威力のあるボールを飛ばすことが重要だ。

非常に難しい技術で、試合で実践できる選手は多くないが、それだけに、習得できれば大きな武器となって卓球の幅を広げることが可能となる。

Point 2

Point 1
バックスイングを大きく取り膝を曲げてタメを作る

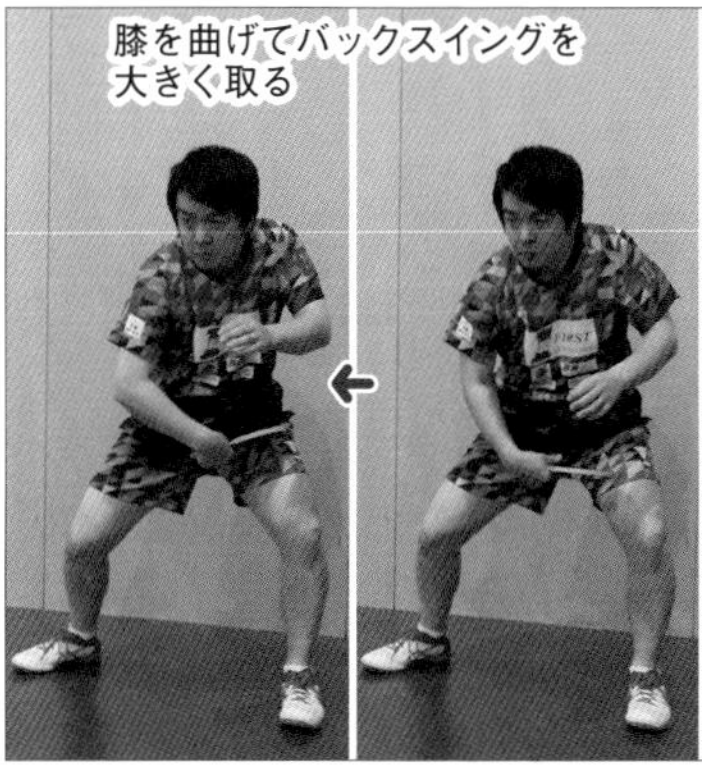
膝を曲げてバックスイングを大きく取る

台から離れた状態で後陣バックドライブを打つときは、台から離れている分、バックスイングを大きめに取り、膝を曲げてタメを作ることを考えよう。台に近いときと同じようにバックスイングを小さくし、手首の操作だけでボールを打つと、距離が出せないばかりか、ボールの威力もなくなる。

打つ瞬間に膝のバネと大きく取ったバックスイングの両方で、ボールを飛ばすと同時に、ボールに威力を与える。

Point 2
フォロースルーを大きく強く威力のあるボールを

フォロースルーを大きくし、全身でボールを打つ

バックハンドではあるが、後陣（台から離れている場所）からなので、台に近い通常のバックハンドラリーとは違い、ボールが返ってくるまでに少し時間がある。

そのため、フォロースルーは大きめに取ろう。もちろん、Point1で解説したように、ボールを飛ばし威力を与える、という意味もある。膝のバネと体全体、そして大きなフォロースルー。これらを同時に駆使し、遠くから強く威力のあるボールを打ち込もう。

アドバイス
台から離れた強打を覚えラリーに強い選手に

バックハンドのラリーで下がって台から離れてしまうと、相手の攻撃を凌ぐため、ロビングで守備に徹するしかなくなるものだ。こうなると、相手がミスするのを待つだけの展開になってしまう。

そのような状態のとき、強打で打ち返せる技術があれば、守備一辺倒から打ち合いに持ち込むことが可能だ。つまり、ラリーに強い選手になれる。

ただし、台から離れてバックハンドで打ち返せる選手は多くない。それだけ難しい技術だが、それだけに習得するメリットは大きい。

Point 1

流れ

No.53

攻撃的なブロック
プッシュブロック

力を抜いた状態から、
打つ瞬間に力を入れて
弾き返す

プッシュブロックは、全身の力を抜いて構え、打つ瞬間に力を加える

卓球でブロックを行う時は、脱力しておくのが基本だ。体に力が入った状態では、安定したブロックができないからだ。それはプッシュブロックでも同じこと。まずはリラックスし、体の力を抜いて構えよう。そしてブロックする直前、手首を少しだけ内側に入れ、前に振り出してボールに力を伝えて弾き返すといい。

単なるブロックよりも少しだけ攻撃的なボールにすることができるので、相手にプレッシャーをかけることにもつながる。単調なブロックだけでは守勢に回り続ける他ないが、リズムを変える何種類かのブロックを織り交ぜることができれば、相手の動揺を誘い、得点にもつながりやすくなる。

Point 2
Point 2

Point 1 リラックスして力を抜いて構える

脱力して
ボールを待つ

プッシュブロックに限ったことではないが、ブロックする際はリラックスし、力を抜いて構えておくことが重要だ。ブロックは本来、相手のボールをラケットに当てるだけで返すイメージで行うことが重要だ。力を入れてしまうと反発してしまうため、ボールが安定しなくなるからだ。

また、ここではプッシュブロックを行うが、最初に脱力しておくことが、相手を惑わせるフェイントの役目も担うことになる。

Point 2 当たる瞬間に力を入れてボールを弾き返す

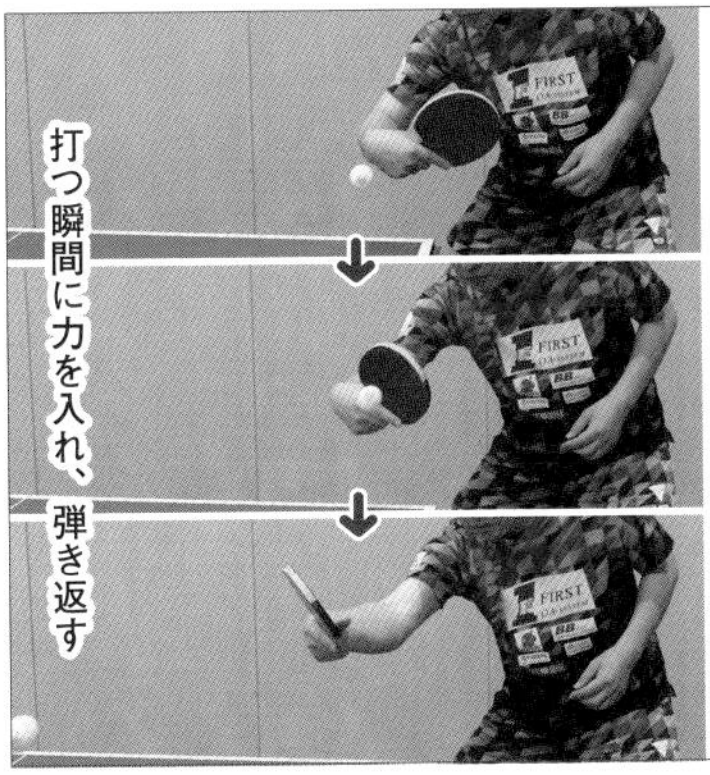
打つ瞬間に力を入れ、弾き返す

ブロックはボールをラケットに当てるだけのイメージだが、プッシュブロックはボールが当たる瞬間に少しだけ力を加えよう。相手のボールの勢いを利用し、ブロックよりもやや攻撃的なボールを返すことで、プレッシャーを与える。

ボールが当たる直前に少しだけ手首を内側に入れ、前に振り出してボールを弾き返すイメージだ。脱力した状態から瞬時に力を入れて弾き返すことで、安定したブロックとなる。

アドバイス

カウンターとは異質なブロック

近年、卓球の試合では強打されたらカウンタードライブで返すという流れが主流になっている。しかし、プッシュブロックは回転をかけるのではなく、スマッシュのイメージに近いブロックとなるので、ドライブとは違うボールが行く。これらを織り交ぜることで、相手は対応に苦慮することとなり、得点が取りやすくなる。

本書ではブロックを何種類か解説してきたが、すべてとはいわずともなるべく多くの技術を自分のものとし、武器を多く持ってプレーの幅を広げよう。

No.54

展開を変えるブロック

サイドスピンブロック右回転

流れ

Point 2

Point 1

フォアストレートを
打たれたとき、
効果を発揮する

右回転のサイドスピンブロックは、フォアストレートに打たれたときに打つと、ボールが安定するだけでなく状況を変えられる

No.34では基本的な右回転のサイドスピンブロックを解説したが、ここでは岸川氏が試合で実際に用いていた、より実践的な右回転のサイドスピンブロックを解説する。

実践的なものであっても基本であっても、ボールを打つ前のラケットの形を変えてはいけない。ラケットの面を外側に向けて立てておくことが重要だ。

より実践的な面でいえることは、この技術は試合中、不意にフォアストレートに打たれ、対応に遅れてしまった場合に有効な手段であるということだ。単なるブロックで返すよりもボールが安定し、遅れを取り戻すだけでなく、展開を変えられる可能性も秘めている高等なテクニックだ。

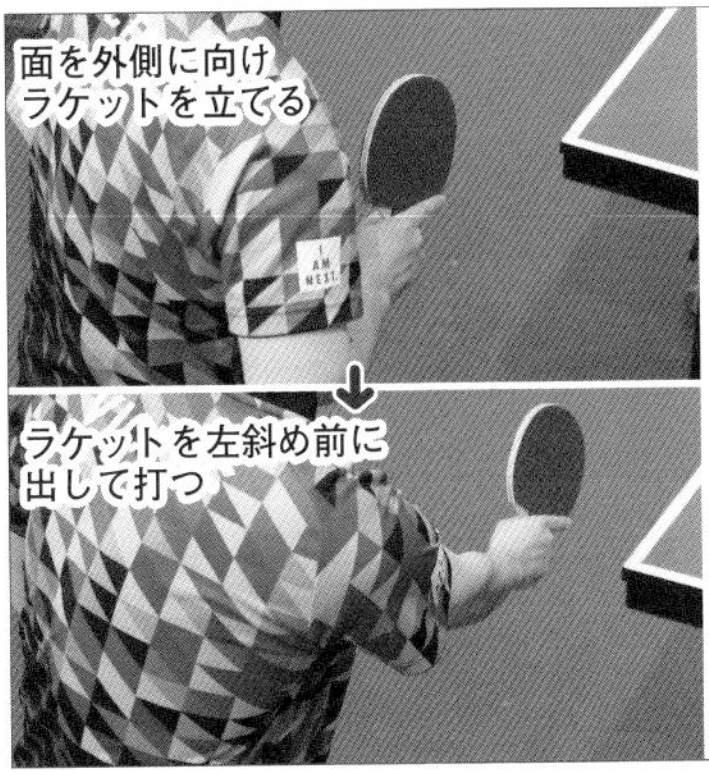
面を外側に向け
ラケットを立てる
ラケットを左斜め前に
出して打つ

Point 1 ラケットの面を外側に向け立てる形を作る

No.34でも解説したが、サイドスピンブロックで右回転をかけるときは、たとえ実践的な場合であっても、ラケットの面を外側に向け、ラケットを立てる形を作ることが重要になってくる。

その上でラケットを左斜め前に出し、ボールを切るようなイメージで当たる瞬間に力を入れると、強いサイドスピンがかかり、ボールもゆっくり飛んでいく。ボールの回転を変え、テンポも変えることで、相手のミスを誘発できる。

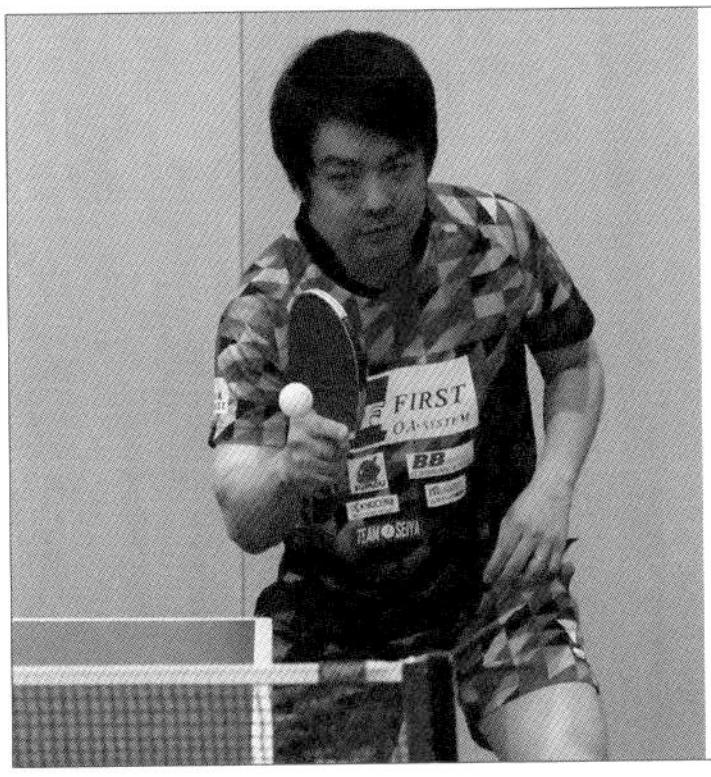

Point 2 フォアストレートに打たれたときに用いる

右回転のサイドスピンブロックは、フォアクロスで打ち合っている状態で、次のボールでもフォアを待っているとき、不意にフォアストレートに打たれて対応が少し遅れたと判断したときに用いると有効だ。

単なるブロックを試みるよりも安定したボールが行く。さらには遅れを取り戻すことともにもつながるだけでなく、押され気味だったラリー展開を変え、攻めに転じることも可能だ。

アドバイス

極めることができれば強力な武器となる

ここで解説した実践的な右回転のサイドスピンブロックだが、国内では2020年（2021年）東京オリンピックの代表である丹羽孝希選手の得意技と言えるだろう。Point2では、対応が遅れたと判断したときに用いると解説したが、丹羽選手は試合中、意図的に対応を遅らせ、この方法で得点することも多い。

代表レベルであっても普段の練習で行うことのない特殊な技術でもあるので、極めることができれば、かなりの強力な武器となることは間違いない。

No.55

ブロックの応用
サイドスピン
ブロック左回転

Point 1

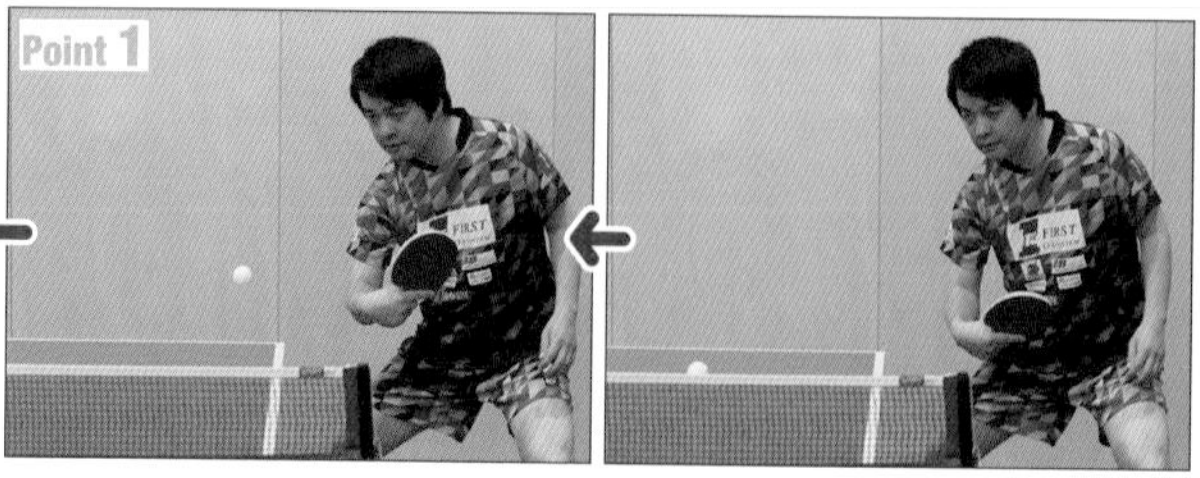

流れ

左回転のサイドスピンブロックは、体の前でなく右側でボールを捉えれば、より強い回転がかかり安定する

No.35では基本的な左回転のサイドスピンブロックを解説したが、ここでは岸川氏が用いていた、より実践的な左回転のサイドスピンブロックを解説していく。

　実践的なものであっても基本であっても、ボールを打つ前のラケットの形を変えてはいけない。手首を内側に曲げてラケットを立て、ラケットの面を内側に向けておくことが重要だ。

　より実践的なのは、ボールを捉える場所になる。バックハンドは基本的に体の前でボールを捉えるが、左回転のサイドスピンブロックでは、ボールが体の右側に来るような位置で捉えた方が、強い回転がかけられるようになり、ボール自体も安定する。この感覚を練習で養おう。

Point 2
Point 2

Point 1 ラケットの面を内側に向け立てる形を作る

ラケットの面を内側に向けて立てておく

No.35でも解説したが、サイドスピンブロックで左回転をかけるときは、たとえ実践的な場合であっても、手首を内側に曲げて面を内側に向け、ラケットを立てる形を作ることが重要になってくる。
　その上で、ボールが当たる瞬間に力を入れ、ボールを切るようなイメージで相手の回転を吸収し、逆に自分の回転をボールに与えよう。回転が強いほどボールはゆっくり飛び、チャンスが巡ってくる可能性が高くなる。

Point 2 体の正面ではなく右側でボールを捉える

体の右側でボールを捉える

ブロックに限らず、バックハンドは基本的に自分の体の前で行うものだが、左回転のサイドスピンブロックに関しては、実は体の正面ではなく、ボールが体の右側に来る位置で打った方がスムーズだ。
　実際に行ってみると分かるが、正面よりも右側で打つことで、より強い回転がかけられるようになるだけでなく、ボール自体も安定することが実感できるはずだ。練習などで実行してみて、その感覚を体感してみよう。

アドバイス

シェークハンドでしか行えない技術

サイドスピンブロックの右回転はペンホルダーの選手でも行えるが、左回転はシェークハンドの選手しか行うことができない技術だ。そういう意味では、ペンホルダーの選手にとっては関係のない技術だが、シェークハンドの選手であれば、プレーの幅を広げるためにも、ぜひ覚えたい技術といえるだろう。

　右回転・左回転のどちらでもサイドスピンがかけられるようになれば、試合で有利になるだけでなく、テンポや流れも変えられるようになる。

監修

岸川聖也（きしかわ せいや）

株式会社ファースト所属
男子日本代表コーチ
Tリーグ「T.T彩たま」コーチ

1987年生まれ、福岡県北九州市出身。

幼少期から卓球をはじめ、日本代表を数多く輩出する石田卓球クラブで頭角を現す。仙台育英学園高校時代には、夏のインターハイで男子シングルス3連覇という偉業を達成。2005年の全日本卓球選手権では、高校生として52年ぶりとなるベスト4入りを果たした。高校卒業後はドイツに拠点を移し、2006年から10年にわたり卓球リーグ「ブンデスリーガ1部」でプロ選手として活躍。

国際舞台でも輝かしい実績を残しており、世界卓球選手権において、2009年の横浜大会では水谷隼選手とのダブルスで銅メダル、2011年のロッテルダム大会では福原愛選手との混合ダブルスで銅メダル。世界卓球選手権には11回もの出場を果たし、団体戦も含めると計7個のメダルを獲得した。オリンピックには2008年の北京、2012年のロンドンの二大会に出場し、ロンドン五輪では日本男子選手史上初のシングルス5位入賞を果たす。

2018年に開幕したTリーグでは「T.T彩たま」の選手兼コーチとして活躍するかたわら、2019年8月からは男子日本代表チームのコーチとしてワールドツアーに帯同。現在はコーチ業に活動の軸足を移しており、指導者としての活躍が期待されている。

撮影協力

大矢英俊

浅沼慎也

ファースト卓球スクール

https://first-tt.com/

有明校
〒135-0063
東京都江東区有明1-5-22
セガサミースポーツアリーナ
TEL:03-5879-2442

平井校
〒132-0035
東京都江戸川区平井5-31-3
サンシャルム堀1F
TEL:03-6657-5337

STAFF

●企画・取材・原稿作成・編集
冨沢　淳

●写真
眞嶋和隆

●Design & DTP
河野真次

●監修
岸川聖也（きしかわ せいや）
株式会社ファースト所属
男子日本代表コーチ
Tリーグ「T.T彩たま」コーチ

勝つ！卓球　「回転」レベルアップバイブル
試合で差がつくテクニック55

2021年9月5日　第1版・第1刷発行

監　修　岸川 聖也（きしかわ せいや）
発行者　株式会社メイツユニバーサルコンテンツ
代表者　三渡　治
〒102-0093 東京都千代田区平河町一丁目1-8
印　刷　三松堂株式会社

◎「メイツ出版」は当社の商標です。

ご意見・ご感想はホームページから承っております。
ウェブサイト　https://www.mates-publishing.co.jp/

編集長:堀明研斗　　企画担当:千代 寧